12시인의 여섯째 노래

12시인의 여섯째 노래

이 때를 위함이 아니겠느냐
(에스라 · 느헤미야 · 에스더 · 욥기)

원로시인 남금희 주원규
정재영
권택명 박남희
김 석 손진은
김신영 양왕용
김지원 이지엽
나금숙 이향아

창조문예사

# 발간사

광풍이 거셀수록 옷깃을 여미고

이향아

2017년 창세기부터 정독하기 시작하여 지금 욥기를 쓰기까지 나이로 치면 여섯 살, 아직도 철이 들려면 요원한 어린애입니다. 그동안 우리가 불러 온 노래들이 과연 어느 정도의 깊이를 가졌는지, 입술이나 움직여 가볍게 지나가는 얄팍한 것은 아니었는지, 누구의 가슴을 흔들어 미동이라도 하게 했는지, '우리는 이렇게 했노라' 자신 있게 펼쳐 보일 자신과 용기는 없습니다.

아직 학교에 입학하기 전 여섯 살쯤 되었을 무렵, 주일학교에서 성경 구절을 암송하면서 시가 무엇인가를 알았습니다. 성경은 놀라운 비유와 함축, 정제된 어휘와 리듬으로 우리를 높은 차원으로 끌어올리고 깨우쳤습니다. 성경을 능가할 문학이 없다는 것을 알고 있으며, 더구나 성경을 시로 표현한다는 것이 얼마나 주제넘은 일인가를 알고 있습니다.

그런데도 우리는 주님을 향한 공경과 사랑을 어떤 형태로라도 표현하고 싶었습니다. 그런 기도로 응집된 우리 열두 시인의 열망에 시행착오가 있을지라도 크게 낙담하지는 않으려고 합니다. 모자라는 것은 채워주시고 어긋난 것은 다듬어주시고 막힌 가락은 열어주실 것을 믿기 때문입니다.

같은 생각으로 모여 함께 길을 떠났지만, 어떤 길이든 끝까지 동행하기는 어렵다는 것도 깨닫게 되었습니다. 혹은 가다가 숨을 고르는 사람도 있고, 혹은 잰걸음으로 서둘러 바삐 걷는 사람도 있습니다. 그러다가 새로운 동행자를 만나기도 했습니다. 신생하고 성장하고 멈추기도 하는 세상의 이치는 길을 떠나 함께 걷는 일에도 그대로 담겨 있음을 압니다.

이번 여섯째 권에서는 에스라, 느헤미야, 에스더, 욥기를 텍스트로 공부했습니다.

　우스 땅에 살던 욥, 온전하고 정직하며 악에서 떠나 하나님을 경외하던 욥의 울부짖음이 공부하는 내내 우리들의 마음을 심히 요동치게 했습니다.

　"어찌하여 내가 모태에서 죽지 않았던가? 어찌하여 어머니 배에서 나오는 그 순간에 숨이 끊어지지 않았던가? 어찌하여 나를 무릎으로 받았으며 어찌하여 어머니가 나를 품에 안고 젖을 물렸던가?"

　세상을 원망하고 하나님을 원망하면서 목숨을 포기하고 싶던 욥의 순간들이, 우리들의 삶에도 자주 그리고 아프게 반복되고 있음을 고백합니다. 못하실 일이 없으며 못 이루실 일이 없는 주님을 함부로 원망하고 무지한 생각으로 이치를 가렸음이 두렵습니다.

   저희에게는 이후로도 지치지 않고 목적한 고지까지 가야 한다는 엄숙한 사명이 있습니다. 중도에 넘어져서 포기하거나 의심하는 일은 없을 것입니다. 광풍이 거셀수록 옷깃을 여미고, 앉으나 서나 오로지 한마음으로 기도하겠습니다. 우리가 우리 마음을 지극하고 순전하게 다스리면 그분께서 응답해 주실 것을 믿습니다.

2022년 3월

차례

🍃 **발간사** 광풍이 거셀수록 옷깃을 여미고_이향아 • 4

🍃 **원로시인 초대석** • 11
    주원규 — 상황狀況 · 1 / 상황狀況 · 2

  🌸 **남금희** ⋯ 15
    성전 재건 • 입동 무렵 • 이 때를 위함이라 • 당신의 초대장
    감촉에 대하여

  🌸 **박남희** ⋯ 25
    잠시 동안 • 영원부터 영원까지 • 시작과 나중 • 누가 알까
    부림이라는 거울

  🌸 **손진은** ⋯ 37
    성벽 • 바닥의 마음 • 적멸을 위하여 • 이슬
    떨어지는 것이 어디 꽃잎뿐이랴

  🌸 **양왕용** ⋯ 49
    에스라의 송가 • 느헤미야, 그대에게 • 에스더와 모르드개
    슬픔의 강을 건넌 그대 • 아무리 의인과 능력자일지라도

이지엽 … 61
향기 • 에스라 • 느헤미아 • 회개
욥의 고난을 내가 다시 받는다 하더라도

이향아 … 69
망루望樓에 서서 • 저 들판의 염소 새끼 • 누구의 이름을 불렀는가
풀들도 이슬 같은 눈을 뜨고 있는데 • 노하기를 멈추지 마옵소서

정재영 … 77
이방인의 성전 • 성城을 쌓는 사람들 • 이 때를 위한 일
사람의 언어 • 뒤돌아보면

권택명 … 87
성벽 • 귀환 • 불면 • 소망 • 변명

김　석 … 101
고샅 – 길 • 성전 바깥기둥에 기대어
에돌 – 길 · 1 • 에돌 – 길 · 2 • 에스더와 인당수

김신영 … 139
어여쁜 어머니, 불 고양이를 키우고 • 젖먹이 전설
환등하는 저녁 • 비상하지 않는 비상은 없다 • 케루빔

🌑 김지원 … 151
스가냐의 독백 • 느헤미야의 편지 • 금의환향錦衣還鄉
이름 없는 이름 • 욥 평전評傳

🌑 나금숙 … 163
식영息影, 모래왕국 • 외로운 흙 • 해안보호
Swan Song • 심경深耕과 관개管漑

🍃 **시평** 실낙원에서 복락원까지_ 김지원 … 176

🍃 12시인 주소록 … 203

 원로시인 초대석

주원규

백석교회 안수집사. 1977년 『현대문학』으로 등단. 한국문인협회 및 한국기독시인협회 자문위원, 한국시인협회 심의위원, 〈응시凝視〉 동인, 서울시단詩壇 대표. 은평문학대상, 한국기독시인문학상, 청하문학상, 한국문학100년상 수상. 시집 『切頭山 시편』(문학세계사 출간), 『문득 만난 얼굴』(문학수첩 출간), 『여섯 개의 변주』(6인 한영대역시집, 문예운동 출간).

원로시인 초대석_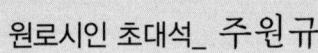

상황狀況·1

　건너편에 앉은 여자가 콤팩트를 꺼내어 얼굴을 토닥이며 입술연지를 고쳐 바르고 있습니다 안구眼球는 작은 거울에 쏠려 있어서 언뜻언뜻 건너다보는 시선들은 보이지 않는 모양, 그 거침없고 서슴없는 모습이 예쁘게 보이기도 하고 교양 없어 보이기도 했는데, 휴대폰 화면에 얼굴을 묻고 웃다가 찡그리다가 졸기도 하느라고 아랑곳하지 않는 여러 승객들은 누가 화장을 고치거나 뭣을 하거나 관심이 하나도 없음을 발견합니다 열차는 몇 초 섰다가 다시 땅속을 휭휭 달리고 있습니다 호오, 어느새 그 여자가 내리고 안 보이네요

욥기 42:1~2
욥이 여호와께 대답하여 이르되 주께서는 못 하실 일이 없사오며 무슨
계획이든지 못 이루실 것이 없는 줄 아오니

상황狀況 · 2

　추워 추워하던 입으로 더워 더워하고 있다

　요즘 세상이 어지러우매 욕심의 민낯들이 속속 드러난다 벌레 먹어 쓰러지려는 나무를 뿌리째 들어내려 한다

　공짜 치즈는 쥐덫에만 놓여 있다 – 러시아 속담

에스더 8:6
내가 어찌 내 민족이 화 당함을 차마 보며 ……

남금희

약력

대구동일교회 집사. 『문학세계』(1996) 등단. 기독시문학 작품상 등 수상. 2020년 대구문화재단 창작기금 수혜. 시집 『구름의 박물관』 외 3권.

성전 재건
– 귀향자의 노래

정녕 고향에 돌아왔구나
황토길 걸어 삼천 오백 리
바람 빠진 몸이 덜그럭거린다

꿈에도 선한 제단 불
지성소 앞 향로 불은 깨뜨리지 않아야 했다
나를 번제물 삼아야 했다

백발 풀어 옛 성전 폐허를 다지며
엎드려 제단의 기호를 안친다
아들아, 이제 여한이 없으니
바람이 내 뼈를 말리게 해 다오

성전 벽돌 층층이 넋은 스며들어
통곡이거나 환호성이거나
흩어진 남은 자를 불러들여라
예루살렘 하늘이 젖빛으로 물드는구나

에스라 3:12
제사장들과 레위 사람들과 나이 많은 족장들은 첫 성전을 보았으므로 이제 이 성전의 기초가 놓임을 보고 대성통곡하였으나 여러 사람은 기쁨으로 크게 함성을 지르니

입동 무렵

성전 완공이라는 벅찬 기별에
몸 누일 때도 서쪽으로 돌아누웠다
타국에서 풀려나 돌아와 보니
고향은 몹쓸 병을 또 얻었구나
스가냐*, 울어다오
저녁 제사를 드려야겠다
몸을 깨끗이 해야겠다
내 살을 끊어 이방 처자식을
돌려보내지 않고는
숫양을 잡을 수가 없구나
찬비 내려 몸 더욱 떨리는구나

에스라 10:10~11
제사장 에스라가 일어나 그들에게 이르되 너희가 범죄하여 이방 여자를
아내로 삼아 이스라엘의 죄를 더하게 하였으니 이제 너희 조상들의 하나님
앞에서 죄를 자복하고 그의 뜻대로 행하여 그 지방 사람들과 이방 여인을
끊어 버리라 하니

* 스가냐 : 제사장 에스라에게 이방 여인을 아내로 취했다고 처음으로 자백함.

이 때를 위함이라

세상 어딜 가도 고향만 한 곳은 없어
나라 잃은 백성은 어처구니가 없다
여기는 포로된 땅
사무치는 일 외에는 몸 굽히지 않는 사내
있었으니 직업은 성 문지기, 골똘한
그에겐 은밀한 보람도 있었다
딸 같은 사촌 동생이 그 나라 왕비로 발탁된 것

왕의 잔치엔 어주가 흐르고
그 사내 서늘한 눈매를
시샘하는 따가운 눈총들 마침내
민족이 파리 목숨같이 날아갈 위기가 닥쳤다
그 위협 되갚을 한 사람이 있어
그는 전갈을 보냈다 단호히
뜨겁게 이때를 위하여 왕비가 있다고
혹 아니라도 일은 성사될 수 있다고
추신도 달았다

사흘 밤낮을 불침번들은 곡기를 끊었겠지

샛별이 뜨기까지 애간장 녹아내리고
살얼음판 위로 조근조근
목숨의 길은 열리게 되었다

그러니까 별은
지금도 신호를 보낸다는 것
사막이나 골짜기나
길은 별이 안내한다는 얘기다

에스더 4:14
…… 네가 왕후의 자리를 얻은 것이 이 때를 위함이 아닌지 누가 알겠느냐 하니

당신의 초대장

큰 산이 기울어
집도 자식도 하루아침에
인생이 떨어져 나갔다고 했다
잿더미에 앉아 흐느적대는 그를
만나야 했다

초대장을 들고 버튼을 눌렀다
문이 열리지 않았다
꾸욱 꾹, 자꾸 눌렀지만

그를 넘보고 있는 나를
문은 알아챘나 보다
다시 보니
초대장에 내 이름이 없다

영문도 모른 채
영문을 몰라도 찾아간
난 아직 한참을 헤매야 했다
바람이 살을 태웠다

꼿꼿하던 목이 무릎 사이로 빠졌다

새벽이 눈꺼풀을 열 때
문밖에 쓰러져 개 같이
입을 닫았다
아득히 인기척이 나는 듯했다

욥기 40:4
보소서 나는 비천하오니 무엇이라 주께 대답하리이까 손으로 내 입을 가릴 뿐이로소이다

감촉에 대하여
― 욥을 위한 푸가(fuga)

밤이라고 하면 밤이 된 줄 알았지요
드러누운 모란도 동백나무 각혈도
꽃이라 말씀하면 그런 줄 알았어요

일이 됐다고 하시면 잘 풀린 것으로 알고
가슴에 날아든 비수도 뽑히는 줄 알았습니다
내가 숨 쉬어도 당신 뜻
누가 깊은 산골짜기를 빛으로 찌르겠습니까
바다 물굽이를 누가 헤아리겠습니까
새끼 잃은 아비의 외마디 비명도
주둥이 쫘악 벌리는 어린 새들
날갯짓조차 당신 허락하신 일

오늘 나의 일은 계란을 꺼내면서
동글동글한 알의 감촉을 느껴보는 것
굴리다가 슬쩍 손 놓아
샛노란 왕눈이 퍽, 풀어지는 걸
함부로 비비적대는 일
오랜 당신의 침묵이 설운

나의 믿음은 쪽배
닿을 수 없는 까마득한 당신
노 저어 오라시는
파도는 가시 채찍

고통의 난장에 나, 팔렸나요
내 영혼 악마에게 던지셨나요
밤 깊은 당신의 축제는 무르익어
사람의 숨소리 들리지 않는데
반딧불이 한 점 설핏합니다

욥기 30:31
내 수금은 통곡이 되었고 내 피리는 애곡이 되었구나

시작 노트

고난이라는 보약, 쓰디쓴 기쁨

　시를 쓰기도 전에 시작 메모부터 끄적거렸다.
　이 흑암의 시대에 밝음과 기쁨과 찬양의 시를 올리고픈 마음의 고통.
　어두울수록 새벽을 향한 기대는 간절하지만
　"우리는 망한다. 정신 차려라, 우리들아!" 속삭이듯 부르짖는다.
　하지만 나는 떠도는 지푸라기, 소용돌이치는 파도에 흔적 없이 사라질 목숨.
　존재의 성화라는 말 따위는 집어치우고 아예 무덤 속으로 숨어버리고 싶다.
　이런 마음으로 시를 쓰자니 꺼억 꺽, 시가 끊긴다.
　그분의 긍휼 외에는 달리 살 방법이 없음을 포탄처럼 날린다.
　서늘한 풍경이 되도록 시를 다듬는 재주가 나에겐 없다.
　나는 남은 자(REMNANTS)가 되고 싶다. 그러나 어림없다.
　내가 남은 자 틈에 낀다면 인간 모두가 남은 자일 것이므로.
　이 놀아나는 세상에서 붙들 것은 구약성서의 끝자락 절규뿐인 것 같다.

박남희

약력

고양시 원당교회 집사. 1956년 경기도 고양 출생. 1996년 「경인일보」, 1997년 「서울신문」 신춘문예 시 당선. 현재 동국대, 시립대 등에서 강의. 시집으로 『폐차장 근처』 외 3권. 평론집 『존재와 거울의 시학』, 학술 서적 『한국 현대시와 유기체적 상상력』, 『직관과 상상력』(공저), 『조지훈 연구 2』(공저) 등.

잠시 동안

우리는 모두
잠시와 영원 사이에 놓여 있는 팽이이다

우리가 이 땅에 사는 것은
잠시의 생명줄을 영원의 나이테에 감기 위한 것이다
영원의 나이테를 헤아려 보면
100번 감긴 나이테도 잠시 동안이다

제 몸의 나이테를 휘감고 도는 팽이는
일어설 듯 넘어질 듯
보일 듯 금방 사라질 듯 어지럽다

우리가 사는 지구도 잠시 동안 돌아가는 팽이이다
비틀거리다 언제 속도를 멈출지 모른다

팽이가 잠시를 영원으로 알고 돌아가는 것은
잠시는 눈앞에 있고 영원은 눈 너머에 있기 때문이다
잠시 동안의 팽이들은
눈 너머에 영원의 팽이가 돌고 있다는 것을 모른다

영원의 팽이는 믿음의 눈으로 보아야 보인다
팽이의 중심에는
세상의 모든 어지러운 길들을 한데 모으는 힘
예수님, 사랑의 밧줄이 있다

이 땅의 모든 팽이는 잠시 동안 돌지만
예수님의 밧줄에 감겨 돌아가는 사랑의 팽이는
영원히 멈출 줄을 모른다

에스라 9:8
이제 우리 하나님 여호와께서 잠시 동안 은혜를 베푸사 얼마를 남겨두어
피하게 하신 우리를 그 거룩한 처소에 박힌 못과 같게 하시고

영원부터 영원까지

성경말씀을 보면
영원에서 영원까지라는 말이 무수히 나온다
이 말씀과 더불어
태초부터 영원까지,
지금부터 영원까지라는 말도 자주 나온다

영원이 수식하는 말은 대부분 여호와 하나님인데
이것은 하나님이
시간을 지배하시는 분이라는 것을 의미한다

그런데 인간의 연수는 칠십이요
강건하면 팔십이다
이런 유한한 인간에게 하나님은
놀랍게도 영원의 문을 열고 기다리신다

하나님이 준비하신 좁은 길을 따라가다 보면
영원의 문이 나온다
하지만 좁은 길로 가는 자들은 지극히 적다

나는 지금 좁은 길로 가는 자일까를 생각해보면

자신이 없다
지금까지 나는 세상의 보편적 가치를 신봉하면서
살아오지는 않았는지

가만히 어지러운 세속의 눈을 들어 영원을 본다
멀리 영원에는 믿음의 거울이 있어
길모퉁이의 볼록거울처럼
세속에 찌든 우리의 전신을 훤히 비춘다

영원 앞에 서면 우리는 한낱 티끌이다
우리가 한낱 티끌일지라도
영원에서 영원까지 뻗어있는 길가에 놓여있다면
주님께서는 우리를 긍휼히 여겨
작은 겨자씨 한 알의 생명을 불어넣어주실 것이다

티끌인 나를 버리고 주님의 옷깃에 깃든
영원의 약속을 믿기만 한다면,

느헤미야 9:5
너희 무리는 마땅히 일어나 영원부터 영원까지 계신 너희 하나님 여호와를 송축할지어다

시작과 나중

이 세상 모든 것에는 처음이 있고 나중이 있다
인간은 태어날 때 혼자서는 살 수 없는 미약한 존재로 태어나지만
장성하여서는 세상과 맞서 싸울 수 있는 힘 있는 존재가 된다

하지만 이러한 변화는 저절로 이루어지는 것이 아니다
모든 것은 세상 만물을 창조하시고 주관하시는
전능하신 하나님의 주권 안에 있다

네 시작은 미약하였으나 네 나중은 심히 창대하리라는
주님의 말씀은
단지 평탄한 삶 속에서 이루어지는 약속의 말씀이 아니다
시작과 나중 사이에는 욥이 겪은 모진 고난과 인내가 있다

그러므로 생명의 몸을 입고 이 땅에 태어날 때
한 생명의 시작을 알리는 아기의 울음소리는
축복과 동시에 고난의 미래를 알리는 울음소리이다
생명이 있는 바다는 수시로 출렁거리고 파도가 몰아친다

처음과 나중은 생명의 탄생과 죽음만을 의미하지 않는다
우리가 잠에서 깨어나는 하루하루가 처음이고 나중이다
주님은 처음과 나중 사이에 우리와 늘 함께 계신다

창대케 하시는 분의 뜻을 꺾을 자는 이 땅에 없다
우리는 눈을 들어 우리보다 높이 뜬 구름을 바라보아야
한다
그 구름이 이 땅을 향하여 던지는 우렛소리를 들어야
한다

세상으로만 향하던 귀를 거두어
우리에게 울려 퍼지는 하늘의 소리에 귀를 기울여야
한다

욥기 8:7
네 시작은 미약하였으나 네 나중은 심히 창대하리라

박남희

누가 알까

하나님이 천지를 창조하사
바다가 그 모태에서 터져 나올 때에
이 땅에 누가 모퉁잇돌을 놓았는지
아는 자가 있었을까

그 모습을 보고
새벽 별들이 기뻐 노래하며
하나님의 아들들이 다 기뻐서
소리를 지르던 그 때에

구름으로 옷을 만들고
흑암으로 강보를 만들고
한계를 정하여 문빗장을 지르고
높은 파도를 그치게 하여
이 땅에 새로운 질서를 만든 이가 누구였는지
누가 알았을까

이처럼 아름답게 창조된 이 땅이
물신과 탐욕으로 더럽혀져서

하나님의 길은 사람이 알지 못하는 길이 되었고
각자의 길이 세상의 유일한 길인 줄 알고
흑암이 드리운 멸망의 길로 걸어가는 자가
나인지 당신인지 누가 알까

더군다나 주일이면 습관의 손에 들려져
교회당으로 향하던 성경책이
하나님이 우리에게 주신
생명의 전신거울이라는 것을 누가 알까

욥기 38:8
바다가 그 모태에서 터져 나올 때에 문으로 그것을 가둔 자가 누구냐

부림이라는 거울

부림절은 이스라엘 민족이
페르시아의 총리대신 하만의 흉계로 몰살당할 위기에서
건짐을 받은 것을 기념하여 지키는 절기라는데

이스라엘 민족을 구원한 왕후 에스더와 그녀의 사촌 모르드개는
이스라엘 백성으로 하여금 하나님께 금식하며 부르짖게 하였다는데
지금 우리에게는 부림절이 없다

우리는 일제의 속박에서 벗어난 지 얼마 되지 않아
6·25라는 동족상잔의 비극을 경험하였지만
현재는 경제적인 부와 문화적인 우월감에 사로잡혀
우리에게 꼭 필요한 부림이라는 거울을 잃어버렸다

일주일 동안 세상에서 살다가 주일에는 습관처럼 예배드리는
나 자신의 부끄러운 자화상도 쉽게 보지 못한다

부림절 속에는 제비뽑기의 의미가 들어있다는데
주님께 진정한 마음으로 예배드리는 간절함이 사라진
들쑥날쑥 제비뽑기 신앙을 갖고 있지는 않은지
에스더는 지금도 우리에게 부림의 거울을 불쑥 내민다

어린 시절 엄마 따라 새벽기도에 가서 눈물로 부르짖던
나의 부림일들은 어디로 흩어졌을까

우리는 그동안 부림의 의미도 모른 채
부림의 앞에 멋이나 허세를 넣고
명품 옷과 명품 가방을 기웃거리지는 않았는지
부끄러움만 한가득 어둠처럼 밀려오는 밤이다

에스더 9:31
정한 기간에 이 부림일을 지키게 하였으니 이는 유다인 모르드개와 왕후 에스더가 명령한 바와 유다인이 금식하며 부르짖은 것으로 말미암아 자기와 자기 자손을 위하여 정한 바가 있음이더라

시작 노트

성경을 읽고 시를 쓸 때마다 먼저 나를 돌아보게 된다. 그럴 때마다 내 안을 비추는 거울은 더욱 많아진다. 한편으로는 두렵고 한편으로는 고마운 일이다.

2021년 말로 주일학교 교사 생활 40년을 마감하게 되었다. 그동안 나이 많은 교사로 학생들을 섬기면서 교사들과 학생들의 이름을 넣고 지은 성시를 낭독하기도 했는데, 이번에 선생님들과 학생들의 곁을 떠나면서「고등부를 떠나며」라는 제목의 시를 지어 낭독했다. "그동안 부족한 교사로 귀한 학생들을 섬기면서 / 너무나 부족해서 자책도 많이 했지만 / 그 자책의 나날들이 저에게는 오히려 / 자신을 다시 돌아보고 새롭게 세워 나갈 수 있는 / 귀한 회복의 시간이었음을 고백합니다 // 이 모든 일들은 주님께서 하신 일이었습니다 // 주님께서 함께하시지 않으면 / 저는 아무것도 아닙니다 / 주님 저를 붙잡아 주시옵소서 // 제가 부족함을 느낄 때마다 주님께 드리던 이런 기도가 / 주님이 주인 되심을 고백하는 기도였음을 / 나중에야 알았습니다"는 고백은 지금까지 나를 있게 하신 주님을 향한 감사의 기도였다. 이번에 여섯 번째로 쓴 이 부족한 시들이 주님이 주인 되심을 고백하는 마음의 기도가 되기를 소망한다.

손진은

약력

대구 영동교회 장로. 동리목월문예창작대학 학장. 1987년 『동아일보』 신춘문예 시 당선. 1995년 『매일신문』 신춘문예 문학평론 당선. 시와경계문학상, 대구시인협회상 수상. 시집 『두 힘이 숲을 설레게 한다』, 『눈먼 새를 다른 세상으로 풀어 놓다』, 『고요 이야기』, 저서 『시창작 교육론』 외 7권.

성벽

사월 아침, 산성탕 앞 골목이다
방금 목욕을 마친
일가족이 걸어 나온다
검붉은 얼굴의 아비와 까까머리 아들
뽀글파마 어미와 단발의 딸이
이야기를 뿌리며 간다

"그놈들이 가마이 있는데 뒤에서 쥐-박잖아"
항전했던 일들 자랑스럽게 떠벌리는 까까머리
"그 문제 아는데 틀레뺐다 고거만 아이모 다 맞았는데"
어제의 패배가 아직도 안타까운 단발머리

씨익 웃던 사내, 앉아 몸을 반으로 접고
가슴까지 쌓인 층계 위에
기다렸다는 듯, 까까머리 올라탄다
이번엔 튼실한 뽀글파마 위에 단발의 딸도
오래된 일층 위에 두 팔 벌려 새 층을 끼얹은,
열린 창으론 가느다란 콧노래도 흘러나오는 저 성채

데워진 공기 속 섞이는 웃음과 말소리가
빈 골목을 생기로 덮는다
길섶 노오란 민들레 휴지들이 흘낏 쳐다본다
해는 둥둥 높고
세상 어떤 것도 막아 낼 것 같은 성채로
그들은 지금 철물점을 지나 지물포와 약업사 돌아
라일락꽃 만발한 비탈을 올라간다

무서리 눈보라가 쳐들어와도 끄떡없을 한 채
성벽이 지어졌다

느헤미야 6:15
성벽 역사가 오십이 일 만인 엘룰월 이십오일에 끝나매

손진은

바닥의 마음

경주 산내 골짝
짐승 치는 벗의 초막에서 며칠 머물 때
내 차지는 해질 무렵 산비탈,
풀어 논 염소 떼 우리로 몰아오는 일
하루는 뒤처진 놈 몇 앞세운 채
좁장한 나무다리 건너다 아뿔싸!
이편으로 오는 이웃집 외론 녀석을 만났다
발밑은 아찔한 여울,
노려보는 고집 센 두 뿔의 대치는
저 쪽 편이 등 내주며
싱겁게 끝났다
몇 십 근은 족히 될 몸뚱이들이 조심, 밟고 건너간
제법 평평한 바닥을 내 맨발이 넘는데
한 톨 울음도 내보내지 않기로 작정한
뜨건 바닥의 마음이
내 발바닥에 천둥을 막 울리면서
고향집 아련한 어머니 누이들,
여태껏 내 발이 밟아온 바닥의 등이며 눈동자를
불러오는 것이었다

엎드린 바닥이 벌떡 일어나 다릴 건너가는 동안
놀 걸린 능선 그늘 편에
속죄, 속죄,
소쩍새 울음 흩뿌려지는 저녁 무렵이었다

느헤미야 8:14
…… 일곱째 달 절기에 초막에서 거할지니라

적멸을 위하여

건듯 바람에 햇살 알갱이 떨어지는 소리 들리는
한적한 산길,
민들레며 소루쟁이 보리뺑이 배뱅이와 함께 서서
부위 가리지 않고 먹어대는
한 떼를 본다
반쯤 입 벌린 채 발효를 시작하는 고라니의 샅
금맥인 양 파들어가는 저 떼
현기증 나는 꿈틀거림의 파도는
죽음이 불어넣는 가장 숭고한 율동
때로 바람은 코에 향을 키질하고
햇살과 적당량의 습기는 달콤한 식욕 불러들이는 소스
갈비살이며 등심
소줏잔과 트림, 헛소리를 알 리 없는 놈들은
산해진미를 앞에 두고도
깨작거리는 치들과는 다르지
열중한 육체는 구경꾼을 의식하지 않는 법
그들 슬고 간 어미의 윙윙거림은 안중에도 없다
지금은 다만
존재를 수백 수천으로 불리는

집중된 움직임만이 필요한 때!
저 고라니처럼
잘 살았다고 미소할 때
통통한 신생의 자식들이
안방인 듯 쳐들어와 입가에 눈 속에 오장육부에 달라붙어
가장 부드러운 살결로 물들고 터지고 빛나는 것이다

욥기 17:14
…… 구더기에게 너는 내 어머니, 내 자매라 할지라도

이슬

왕관처럼 둘러쓰고 있었다
콩밭도 바랭이도 감나무 잎새도
바알간 발가락의 새들도

새벽 밭길 가다보면
내 무릎에서 깨지는 고 투명한 심장들이
안쓰러웠다

대기가 추위와 붙어 낳은 그들
하늘 품에 안겨 있다가
벌레소릴 배음으로
사운거리며 장가드는 왕자王子들을

손 내밀어 반기는 대지의 신부新婦들
몰래 솟구치는 꽃망울들

소나기 말고
장맛비는 더더욱 말고

매일 밤 자는 머리맡에
몰래 타는 목 적셔 주는
또록또록 뜬 눈동자 같은 것 있었으면 싶었다

가끔 부릴 죽지에 묻고 있다가
해가 보금자리 걷어내면
날개 파닥이며 하늘로 돌아가기도 하는
작은 새 같은 그들

욥기 26:14
…… 우리가 그에게서 들은 것도 속삭이는 소리일 뿐이니……

떨어지는 것이 어디 꽃잎뿐이랴

봄이 오면 개화시기 수첩에 적으며
찾아다니는 김 교수
서둘러 달려가면 꽃봉오리 아직 숨었고
그리움 눌러 참고 다다르면 분분한 낙화 아쉽다
오늘 아침에도 순천시청 문화담당에다
전화를 넣었겠다
또 그 절정의 시기라고라?
아따 몇번씩 말해야 알아묵는다요
꽃 피는 거사 꽃나무 마음이제
전화벨처럼 화르륵 피어났다
받으려면 떨어지는 게 꽃이랑께
정 답답하면 꽃나무에게 직접 전화 걸어 물어보등가
무정한 낙화落花처럼 전화는 끊기고
하, 이팝 그 뽀얀 친구들이
전화를 받기는 할까
옆구리의 벨 소리에 화들짝 흰밥 다 쏟아버리진 않을까

눈앞에 삼삼한
직박구리의 달뜬 날개와

지나가는 구름 엉덩짝을 당기는
설레는 빛 속
떨어지는 것이 어디 꽃잎뿐이랴
세월도 몇 트럭분의 시간들도 순식간에
뒤태도 보이지 않고 사라져버리니

욥기 38:33
네가 하늘의 궤도를 아느냐 하늘로 하여금 그 법칙을 땅에 베풀게 하겠
느냐

시작 노트

    목욕탕 앞에서 어떤 부부가 어린 아들딸을 무등 태우고 골목길 내려가는 장면을 보았다. 어린 것들의 입술에서는 세파를 이겨나가려는 당당하고도 기특한 말들이 마구 쏟아져 나오는 것이었다. 그때 그 가족은 험한 세상의 온갖 대적들과 싸우는 성벽이었다. 아, 가족처럼 든든한 성벽이 어디 있으랴. 내 가슴 속에선 갖은 위협을 받으며 성벽을 쌓던 느헤미야와 숱한 백성들이 스쳐지나갔다. 친구의 초막에서 며칠을 보낼 때 나는 속죄, 속죄하며 우는 소쩍새 울음을 들었다. 죽은 고라니의 살을 파고들어가는 구더기 떼는 인간의 죽음과 신생을 떠올리게 했고, 새벽에 내리는 이슬은 보드라운 은총처럼 다가왔다. 꽃잎 하나 떨어져도 거기엔 섭리가 있었다. 말하자면 나는 성경을 통하여 오늘의 삶의 숨결을 읽은 셈이다.

양왕용

약력

대한예수교장로회 부산남노회 장로. 부산대학교 명예교수. 한국문인협회 자문위원. 한국현대시인협회 이사장. 동북아기독교작가회의 한국 측 부회장. 대학 재학 중인 1966년 김춘수 시인 3회 천료(『월간 시문학』)로 데뷔. 시문학상 본상, 부산시 문화상(문학부문), 한국크리스천문학상(시부문), 한국장로문학상(시부문), 부산시인협회상 본상, 한국예총 예술문화대상(문학 부문), 제1회 부산크리스천문학상 등 수상. 시집 『천사의 도시, 그리고 눈의 나라』 외 8권. 연구 논저 『한국 현대시와 디아스포라』 외 8권.

에스라의 송가

바벨론 왕 느부갓네살의 강폭함으로
70년 전 끌려 온 우리 조상들
여호와께서
바사 왕 고레스 내세워
그 바벨론 멸망시키고
예루살렘으로 돌아가게 하시니
내 어찌 기뻐하지 않으랴.
선배 스룹바벨과 많은 백성들 먼저 보내어
사마리아 사람들 방해 무릅쓰고
끝내 성전 건축하게 하시니
이 또한 기뻐할 일 아닐 수 있으랴.
내 그 뒤를 이어
또 다른 백성들과 함께
유브라데스 강과 티그리스강 건너
몇 날 며칠 걸어
예루살렘에 왔노라.
70년 전에서 100년도 훨씬 전
앗수르에게도 짓밟힌 우리 강토
그 까닭

이방신 섬기며

이방여인들과 즐겨 혼인함에서 온

죄악들 때문이니

피폐한 우리 강토에 머물던 백성들과

바사에서부터 함께 온 백성들에게

그 사실 깨우치고 가르쳐

다함께 여호와에게

금식하며 눈물로

회개의 기도 간절히 드리기 위하여

내 여기 왔노라.

에스라 8:23
그러므로 우리가 이를 위하여 금식하며 우리 하나님께 간구하였더니 그의 응낙하심을 입었느니라

느헤미야, 그대에게

아닥사스다 왕 술 관원장 그대
수심에 찬 얼굴로
포도주 드릴 때,
왕을 그대 수심의 깊은 뜻 알아보시게 한
여호와께 감사하며
유다 총독으로 예루살렘에 부임한
그대의 지혜로
52일 만에 예루살렘 성벽 공사 마치니
이미 만들어진 성전에다
견고한 성벽까지 갖추어져
정말 거룩한 성이로다.
그러나 그대
토목공사 총독으로서만이 아니고
가난한 백성의 부르짖음에 화답하여
그대 자신의 총독 녹뿐만 아니라
형제들도 녹을 먹지 아니하였으며
귀족들과 부자들에게
백성들의 이자도 받지 못하게 하여
부채까지 탕감하였도다.

그대 같은 지도자
코로나19 오늘날에도 나타날지니
오로지 우리의 뜻이 아니라
여호와 하나님의 뜻이니라.
그의 종자들에게 떼돈 벌게 하는
모리배 지도자 물리칠지니.
그대의 뜻에 감동한
여호와 힘으로 물리칠지니.

느헤미야 5:15
나보다 먼저 있었던 총독들은 백성에게서, 양식과 포도주와 또 은 사십 세겔을 그들에게서 빼앗았고 또한 그들의 종자들도 백성을 압제하였으나 나는 하나님을 경외하므로 이같이 행하지 아니하고

에스더와 모르드개

바사에 남아 있던 유다인들
하만이라는 악마를 만나
다 죽게 되었을 때
금식기도한 후
'죽으면 죽으리이다'라는 결의로
아하수에르왕 앞에 나아가
자기 정체를 속속들이 밝힌 후
유다인 다 살려달라고 한 에스더 왕후.
우리는
그녀와 함께
그녀의 숙부 모르드게도 칭송할지니.
그가
에스더를 곱게 길러 왕비가 되게 하고
내시들의 왕 살해 음모를 밝혀
왕을 구하게 한 것도
여호와의 역사하심이라.
두 사람의 지혜와 결단으로
바사에 남은 유다 사람들
모두 살아남아

오늘날에도 이를 기념하여
부림절이라 하니
여호와께서
나라는 빼앗겨도
민족들은 믿음의 지도자들로 인하여
살아남게 하시니라.
우리 민족 일제 강점 36년에도
이 땅에 뿌려진 복음의 열매
풍성하게 자라게 하시고
끝내 해방도 시켜 주신 여호와 하나님.
이스라엘처럼 남북으로 갈라짐도
하나로 회복시켜 주실 이도
오직 여호와 하나님이라.

에스더 4:16
당신은 가서 수산에 있는 유다인을 다 모으고 나를 위하여 금식하되 밤낮 삼 일을 먹지도 말고 마시지도 마소서 나도 나의 시녀와 더불어 이렇게 금식한 후에 규례를 어기고 왕에게 나아가리니 죽으면 죽으리이다 하니라

양왕용 55

슬픔의 강을 건넌 그대
– 허성욱 시인에게

어머니의 솔선수범의 신앙 이어
천상의 소리 내는 찬양대 만들기 애쓴
사랑하는 젊은 아내
하나님 곁으로 먼저 보내고
슬픔 가시지 않을 때에
손아래 동생
갑자기 하나님이 부르시고
큰 형님마저 중병으로 수술하다가
역시 하나님 곁으로 보내었으니
욥에게 닥친 고난을
생각하지 않을 수 없나니.
이 슬픔
단지 그대가 닦은 시조 몇 수에 담았구나.
물리학을 가르치는 선지 학교 교사이면서
하나님의 창조론을 가르치기 위하여
박사학위도 받고
마음 아픈 사람들 치유하는 상담학에다
끝내 이 모두를 신앙적으로 접근하기 위하여
신학까지 한 그대에게

닥친 이 시련 어떻게 설명하리요.
그래도 그대는 언제나 밝은 미소를
나를 포함한 우리에게 선물하나니.
그대가 슬픔의 강 건널 동안
아무 말도 못한 채 지켜만 보고
그대의 깊은 뜻과 행동 깨닫지 못했나니.
이제 학교는 정년하고
창조론, 심리 상담이 겸하여지는 복음사역으로
바쁘고 기쁜 나날 보내는 그대 머리 위의
하나님의 등불 비로소 보이나니.
그 등불
오래오래 그대 머리 위에 머물지니.

욥기 29:3
그 때에는 그의 등불이 내 머리에 비치었고 내가 그의 빛을 힘입어 암흑에서도 걸어다녔느니라

아무리 의인과 능력자일지라도

이 세상에서
의인으로 혹은 능력자로 칭송받을지라도
그들이 가진 의로움과 능력과 지혜
그들의 것이라고 생각하는 순간
교만의 길 걷게 되어
그들에게 보내는
하나님의 교만 거두라는 신호
무시하게 되나니.
그 신호 고난으로 바뀌면
하나님 원망하고
다른 길 걷는 자들도 많나니.
그러나 언제라도
자기의 교만 깨달아
그들에게 준 의로움과 능력과 지혜
모두 하나님께서 주신 것이라
고백하고 회개하는 순간
고난 거두시고 더 많은 축복 주시나니.
그 고난과 역사하심이
욥과 그 친구들에게만 아니고

나의 것일 수도 있다고 깨달으며
날마다
교만하지 말라고 기도할지니.
내 지금까지의 삶 되돌아보며
오늘도
하나님의 선하심과 인자하심을
노래하며
회개하고 감사의 기도 올리나니.

욥기 42:5~6
내가 주께 대하여 귀로 듣기만 하였사오나 이제는 눈으로 주를 뵈옵나이다
그러므로 내가 스스로 거두어들이고 티끌과 재 가운데에서 회개하나이다

시작 노트

 〈에스라〉, 〈느헤미야〉, 〈에스더〉를 읽고 묵상하면서 이스라엘 민족이 주변 강대국에 의하여 점령당한 역사에 대하여 궁금하여 『이스라엘 역사』(마르틴 노트 저, 박문재 역, 크리스챤 다이제스트 2001)를 다시 한번 읽었다. 그 책에서도 그러했지만 세 인물평전격인 역사서에서도 이러한 고난에서 이스라엘 민족을 멸하지 않기 위해 영적이면서 정치력도 있는 지도자들을 보내 주신 여호와 하나님의 역사하심을 새삼 깨닫게 되었다. 아울러 우리나라도 일제 강점기에도 선교사들이 뿌린 복음의 씨앗을 꽃피어 열매 맺게 하심에도 새삼 감사하지 않을 수 없었다. 그리고 온 세계적인 현상이지만 코로나19 위기에서도 하나님께서 새로운 지도자를 보내어 주시어 우리나라의 국제적 위상이 도약할 것이라는 확신도 가졌다. 새로운 위상은 문화강국으로 등장할 것이라는 생각도 들었다. 이러한 시점에 세속문화의 타락을 막을 새로운 기독교문화의 등장도 필요하다는 생각도 하게 되었다. 따라서 우리 〈열두 시인〉들의 연간시집 작업은 더욱 중요하며 그 활동도 보다 다양하게 펼쳐지게 되기를 소망한다.

 〈욥기〉를 읽으면서 내 주위에 '욥'처럼 고난당하면서도 시인으로, 창조론 이론가로, 상담전문가로, 목사로 열심히 살아가는 분이 있어 그에게 시 한 편을 드릴 생각이 들었다. 그리고 '욥'에 닥친 고난의 원인에 대한 의문도 풀려 그에 대한 시 한 편도 쓰게 되었다.

이지엽

약력

1982년 한국문학 백만원고료 신인상에 시로 등단. 1984년 경향신문 신춘문예 시조 당선. 시집 『씨앗의 힘』, 『해남에서 온 편지』 외 이론서 『현대시 창작강의』. 경기대학교국어국문학과 교수. 계간 『열린시학』, 『시조시학』 편집주간. 2021년 6월 전남 진도에 〈시에그린 한국시화박물관〉, 〈여귀산 미술관〉 개관. 현재 사당중앙교회 시무장로.

향기

1
밥은 아니지만 밥만큼 배가 부르기도 하는
기둥은 아니지만 기둥만큼 정신을 떠받치기도 하는
문은 아니지만 문만큼 너와 나를 소통하게도 하는
피어오르며 퍼지는, 퍼지면서 넘치는, 넘치면서 울리는 이것
뿌리 없는 몸도 없는
아아 전체가 뿌리이면서 전체가 몸인 이것

2
번제는 기름을 태워드리는 향기로운 제사
세상을 떠날 마지막 순간에
마리아가 부었던 향유 옥합의 향기…

3
3일을 먹지도 마시지도 않고 규례를 어기고
왕에게 나아가리니 죽으면 죽으리이다
죽음을 넘어서 드리는 기도
우리 모두는 그분 앞에서 그리스도의 향기이니

에스더 4:16
…… 삼 일을 먹지도 말고 마시지도 마소서 나도 나의 시녀와 더불어 이렇게 금식한 후에 규례를 어기고 ……

고린도후서 2:15
우리는 구원 받는 자들에게나 망하는 자들에게나 하나님 앞에서 그리스도의 향기니

에스라

사람들은 옆을 보기 마련이다
기름진 맛있는 음식을 먹고 마시고
사루비아와 메리골드 정원이 있는 집에서
춤을 추고 노래 부르는
화려함을 좋아하기 마련이다
앞을 보고 한 사람을 봐야 하는데
옆과 뒤를 보고
등잔과 거울을 비교하기 좋아한다
비교가 때로는 사악함을 부르기도 한다
이것을 쉽게 저것과 바꾸고
그렇게 못하는 사람을 멸시한다
더러 그런 사람 중에 부자가 된 이도 있지만
행복한 것은 아니다
행복은 정직하게 앞을 보고 걷는
믿음의 사람에게만 있기 때문이다.

에스라 10:10~13
… 너희가 범죄하여 이방 여자를 아내로 삼아 이스라엘의 죄를 더하게 하였으니 이제 너희 조상들의 하나님 앞에서 죄를 자복하고 그의 뜻대로 행하여 그 지방 사람들과 이방 여인을 끊어 버리라 하니 모든 회중이 큰 소리로 대답하여 이르되 당신의 말씀대로 우리가 마땅히 행할 것이니이다 그러나 백성이 많고 또 큰 비가 내리는 때니 능히 밖에 서지 못할 것이요 …

느헤미야

사람은 물러설 때와 나아갈 때를 알아야 한다
편안하게 명철보신할 수도 있었지만
그것이 의미 있는 생은 아니다
결심한 일이 정말 의와 나라를 위하는 일이라면
홀연히 외로운 곳에 나아가 자신의 몸을 던져야 한다
바벨론 포로였지만 눈물로 간구하고
예루살렘 성벽 재건에 모든 것을 바친 사람

성전은 얼마나 중요한 곳인가
예배와 기도의 처소
유일한 길로 나아가는 예표의 그림자
모든 것을 아낌없이 바쳐야 이룰 수 있다
사사로운 것 다 버리고 언제나 의를 앞세우고
어떤 고난도 마다하지 않던 사람
그는 정치 지도자가 아니라 오히려 신실한 종교지도자
였다.

느헤미야 1:4, 2:5
…… 하늘의 하나님 앞에 금식하며 기도하여 / 왕에게 아뢰되 왕이 만일 좋게 여기시고 종이 왕의 목전에서 은혜를 얻었사오면 나를 유다 땅 나의 조상들의 묘실이 있는 성읍에 보내어 그 성을 건축하게 하옵소서 하였는데

회개

회개하지 않고 모든 것을 할 수 있다고
생각하는 것은 착각입니다
하나님께서는 능력 있는 자를 들어 쓰시는 것이 아니라
돌이켜 회개하는 주의 백성을 귀하게 사용하시나니
하나님의 거룩한 자녀가 거룩한 삶을 잃어버렸을 때는
속옷과 겉옷을 찢고 손을 들고 무릎 꿇어야 합니다
말씀 앞에 두렵고 떨리는 마음으로 겸허하게 서야 합니다.

에스라 9:6
…… 이는 우리 죄악이 많아 정수리에 넘치고 우리 허물이 커서 하늘에 미
침이니이다

욥의 고난을 내가 다시 받는다 하더라도

    내가 앉고 일어섬을 아시고 나의 모든 길과
    내가 눕는 것을 아시는 이 있다고 고백할 수 있기를
    사람들은 모두 내 잘못이라고 말하지만
    이 잘잘못을 반드시 알고 계시는 이 있음을 절대적으로
믿을 수 있기를
    죄악과 고통의 因果律을 떠나
    어떤 환난 중에도 십자가의 사랑을 신뢰할 수 있기를
    시련을 통해서 자신을 순금같이 만들어 주실 것을 기대
하기를
    삶의 어떤 어려움에도 좌로나 우로나 치우치지 않기를
    말씀과 명령을 귀하게 여기며 늘 순종하며 기도하기를

욥기 23:10
그러나 내가 가는 길을 그가 아시나니 그가 나를 단련하신 후에는 내가 순금 같이 되어 나오리라

이지엽

시작 노트

머리와 몸

머리는 뜻의 눈짓
말하지 않아도 생각대로의 길이 열리고
열매가 익어 눈이 부시네

몸은 행동의 발걸음
창문을 열고 바람을 들이고
음식을 차려 주네
길을 풀어서 재촉하는 것은 몸의 일

그러나 머리는 그 모든 길을 하나로 묶어 주네
몸은 머리에 온전히 복종하여야 하지만
몸이 없는 머리는 빈집과 같고
머리 없는 몸은
지붕 없는 건물과 같네

이향아

약력

신반포교회 명예권사. 1966년 『현대문학』 3회 추천 완료로 등단. 경희대학교 대학원에서 문학박사 학위 받음. 시문학상. 윤동주문학상. 한국문학상. 창조문예상. 신석정문학상. 문덕수문학상 등을 수상함. 한국문인협회, 한국여성문학인회 자문위원. 국제펜클럽 한국본부, 한국기독교문인협회 고문. 문학의집·서울 이사. 호남대학교 명예교수. 시집 『캔버스에 세우는 나라』 등 24권. 에세이집 『새들이 숲으로 돌아오는 시간』 등 17권. 문학이론 및 평론집으로 『창작의 아름다움』 등 8권. 영역 시집 『In A Seed』와 영한대조시집 『저녁 강가에서 By The Riverside At Eventide』 등.

망루(望樓)에 서서

예루살렘으로 가자, 우리 모여서 눈길부터 맞추자
맑은 산천을 깊이 들이키면서 나는 다시 내게 묻는다
정녕 잃어버렸던 그곳으로 지금 가고 있는가
시간에 늦지 않게 서두르며 떨리는 약속으로 타는 가슴
아팠던 날들의 아팠던 기억들, 시리게 패어 뼈저린 흉터
고개 숙여 부끄러운 마음으로 돌아다본다
여기는 거기서 가까운 곳, 너는 지금 어디쯤 오고 있는가
음습한 그늘에 아직 버섯처럼 웅크리고 있는가
해를 쏘아보는 모래밭 삼지창처럼 우뚝한 선인장인가
서 있는가, 앉았는가, 아직도 누웠는가, 잠들어 있는가
네 자식과 아내와 피붙이부터 깨워 일으켜라
그들이 누구 손을 쥐고 흔들고 있는지
누구와 상종하는지, 떠나라 하실 때 울며 떠난 땅
모이자, 땀이 연잎의 이슬처럼 구르는 이마를 대자
성전을 짓고 망루에 높이 올라 우리 땅 예루살렘에서
황소의 뿔을 잘라 나팔을 불자.

에스라 10:7
유다와 예루살렘에 사로잡혔던 자들의 자손들에게 공포하기를 너희는 예루살렘으로 모이라

저 들판의 염소 새끼

그런대로 괜찮다고 나를 여기신다면
좋게 여기고 볼만한 사람으로 즐거워하신다면
나로 하여 나라를 지키게, 민족을 흥하게 하소서
어둠을 꿰뚫고 사방 이웃을 둘러보게 하소서
어미는 탈선한 소년들을 위해 네거리에 섰는데
자식은 침침한 부두에서 담배 연기를 뿜고 있습니다
어깨띠 두르고 메가폰을 쥐고 동네 방죽을 치는 동안
아침으로 저녁으로 집안의 서까래가 썩지 않게 하소서
뜨거운 불덩이를 안고 뒹구는 동안
하마 잊어버릴라, 위태로운 목숨 눈물겨운 나날
진흙 수렁 구렁텅이 숨 막히는 사람들
얼마나 시건방진 말로 삿대질만 했을까요
속고 속이며 물구나무 서서
몸이나 성하면 된다고 말하지 않게 하소서
자꾸 잊어버리는 저 들판의 어린 염소 새끼
바윗덩이를 짊어지고 산길을 걷습니다.

에스더 8:6
내가 어찌 내 민족이 화당함을 차마 보며 내 친척의 멸망함을 차마 보리이까 하니

이향아

누구의 이름을 불렀는가

심은 적도 북돋운 적도 없건만 절로 등등한 독말풀, 엉겅퀴, 돼지풀들. 닥치는 대로 뿌리 박고 헝클어진 쇠비름, 뚝새풀, 엉겅퀴, 바랭이들. 눅눅하면 휘감고 제멋대로 뭉개는 저들의 기세. 염치를 무릅쓰고 억세게 덤비는 것은 스러질 날이 다가오기 때문일까.

그들이 흔드는 불빛은 대보름 쥐불놀이 불쏘시개보다 쇠잔하고, 종말은 저녁 썰물 끝장처럼 빠르게 찾아든다. 착해봤자 소용없어, 악착같이 살아낼 거야, 한번 가면 그뿐이지 내일은 없다고 거품 물고 매달린다.

착해 봤자 아무 소용 없다니, 그래서 함부로 무리 지어 뒹굴겠는가, 당장 어떻게 살고 있는가, 폭풍 속에 휘둘리면서도 눈을 바로 뜨고 있는가, 날마다 무엇이라 부르짖어 새벽 창을 여는가, 그 말을 어떻게 소리 내어 전하는가, 누구의 이름을 불러 간청하는가, 부르니 대답을 하시던가, 무엇이라 하시던가.

욥기 21:17
악인의 등불이 꺼짐과 재앙이 그들에게 닥침과 하나님이 진노하사 그들을 곤고하게 하심이 몇 번인가

풀들도 이슬 같은 눈을 뜨고 있는데

 풀들도 이슬 같은 눈을 뜨고 있는데 보소서, 어리석은 내가 무슨 말을 하리까. 이대로 죽을지도 모르는데 부르짖을 목청도 없는데 어찌 무엇을 간구할 수 있겠습니까.
 들판에서 자라나는 풍성한 곡식과 푸성귀, 우리를 뛰쳐나와 풀밭을 가로지르는 건강한 가축들. 바람과 눈비와 빛나는 햇살은 누구의 것인지, 무지개와 달빛과 소나기와 은하수는 누구의 힘인지 압니다, 놋관처럼 튼실한 근육, 쇠막대기처럼 탄탄한 목축의 뼈대, 향기로운 나무처럼 흔들리는 그들 넓적다리와 물결처럼 흐르는 핏줄을 바라봅니다.
 내 아버지는 연잎 아래에 갈대 그늘에 늪 속에, 은밀하게 숨겨 두었던 것들을 나를 위해 꺼내시는데. 들판은 다만 엎드려서 주인의 낫날에 기꺼이 베이기를 기다리는데, 강물도 풀숲도 바다도 나를 위해 먹을 것을 장만하고, 숨어 있는 것들까지 스스로 눈을 뜨고 아버지의 손길을 기다리는데. 벙어리인 내가 무슨 말을 하리까. 감히 입을 열어 드릴 말씀이 없습니다.

 욥기 33:5
 그대가 할 수 있거든 일어서서 내게 대답하고 내 앞에 진술하라

이향아

노하기를 멈추지 마옵소서

 희미하여 잘 보이지도 않는데도 확실히 아는 것처럼 하면, 눈이 멀 수도 있겠지요. 깨닫지도 못한 말, 스스로 알 수 없는 무지한 말이었습니다. 은밀하게 기도할 때 내 귀가 먼저 들어도, 건성으로 들어 가슴에 사무치지 않는다면, 사뭇 느긋거리는 멀미 속에서 어찌 용서받을 수 있을까요. 바르게 걸어서 해 넘어가기 전에 당신께 닿겠습니다.

 두렵습니다, 부디 노하기를 멈추지 마옵소서, 우렛소리도 낼 수 없고, 악인을 짓밟을 용기도 없는 나는 당신의 침묵을 견딜 수가 없습니다. 키 큰 미루나무가 긴 허리를 늘이다가 그 꼭대기에 머문 석양빛에 그림자를 걷기 전에 내 눈이 바르게 볼 수 있을 때 용서받고 싶습니다.

 넘치는 그 노여움을 감당할 수 없을지라도 노하심을 멈추지 마시고 나를 치소서. 나는 지금 의지할 데가 없습니다. 나를 방종하지 않게 하소서, 원망하지 않습니다.

 보소서, 진흙 묻은 손으로 입을 가릴 뿐입니다.

욥기 40:4
보소서 나는 비천하오니 무엇이라 주께 대답하리이까 손으로 내 입을 가릴 뿐이로소이다

시작 노트

예루살렘으로 가는 길

　새벽에 양재천을 걸을 때면 숲길 저쪽 반대편에서 마주 오는 사람이 있습니다. 그는 벌써 산책을 마치고 돌아가는 길인가, 그의 목적지가 처음부터 나와 다른가, 잠시 생각합니다. 나는 그가 내 곁을 스쳐 가기 전 재빨리 턱밑으로 내렸던 마스크를 올려 씁니다. 그리고 그 사람이 지나간 다음 다시 마스크를 코 밑으로 내립니다.
　이 맑은 공기를 제대로 흡입하지 못한다는 것은 얼마나 불행한 일인가, 얼마나 미련한 일인가 생각하면서.
　나는 걸으면서 예루살렘을 향해 걷는 수많은 이스라엘 백성을 그려봅니다. 흩어졌던 유대민족이 예루살렘을 향해 갈 때, 무너진 마을을 고치고 성전을 건축하려고 기쁜 마음으로 걸어갈 때 그들의 걸음은 나는 듯 가벼웠을 것입니다.
　새벽에도 걷고 저녁에도 걷고 대낮에도 걷는 그들의 기운이, 들과 골목과 언덕의 공기를 흔들었을 것입니다. 그들의 마음은 부풀어 건물의 기초를 놓으면서도 찬양으로 화답하였고, 성전 지을 때는 큰 소리로 환호하였습니다. 너무 기뻐서 대성통곡하는 사람도 있었습니다. 한 목적을 위하여 협력할 때 불가사의한 힘이 생깁니다. 그 힘은 예술적인 감화와 감동을 주며 기적을 불러오기도 합니다.
　뚫린 길로 곧장 걸어가겠습니다. 지심을 꿰뚫는 뿌리는 이 길의 끝간 데까지 뻗어 있을 것입니다. 그리고 타오르는 횃불이 밤과 낮

이향아 75

으로 그것을 지킬 것입니다.

가다가 해가 저물어도 조급하거나 두려워하지 않으렵니다.

마스크야 제대로 올려 쓰든, 잠시 내리고 숨을 들이켜든 예루살렘으로 가고 있으면 됩니다.

정 재 영

약력

원남교회 장로. 1998년 『조선문학』, 2005년 『현대시』로 등단. 조선시문학상, 기독시문학상, 장로문학상, 총신문학상, 중앙대문학상, 현대시회시인상, 펜문학상 수상. 한국기독시문학학술원 원장, 한국기독시인협회 회장 역임.

이방인의 성전

태어나는 일은
당일치기 나들이가 아니듯
어머니로부터 떠나는 일은
방랑의 길을 가려는 것이 아닙니다

삶이라는 집을 가지기 위해
모든 시간을 드려
당신 한 분 계신 한적한 곳에
작은 오두막 하나 짓고 살려 합니다

사람과 사람으로 지어진
나의 집에서
다시 떠나가라 한다면
처음부터 내 방은 도면조차 없었던 건가요

어른은 아이가 되라는 가훈이
액자 속 글자에 지나지 않는다면
다시 떠나 유랑을 하더라도
그곳이 오히려 떠돌이들의 안식을 위한 집

낮엔 해와 밤엔 별의 언어가 이끄는
하늘과 땅 사이를 가로막은 벽이
휘장처럼 찢어질 때
해와 달보다 더 높은 성전을 지으려 합니다

에스라 10:11
… 그 지방 사람들과* 이방 여인을 끊어 버리라 하니

* 저자주(註) : 이방 족속들

성城을 쌓는 사람들

성은
돌로 짓는 것이 아니라
눈물로 쌓는다

눈물이 심장을 울려
혈관마다 강을 만들면
뜨거운 피에 밀린 사람들은 하늘을 잡는다

집집마다 밀려 범람하는 물길에
챙기고 버릴 건
아무 것도 남지 않는다

눈물이 조류로 들어오는 길목
해일에 밀려 온 돌들을 모아
성축을 만든다

돌로 만든 성은 무너져도
눈물이 만든 가슴 속 영원한 성은
눈물샘이 있는 한 영원히 견고하다

느헤미야 1:4
내가 이 말을 듣고 앉아서 울고…

이 때를 위한 일

태어나서 만나는 사람이 한두 명이겠느냐만
오고 가는 세월 길에서
사랑을 만날 기회는 아무도 모른다

가는 길에서 주저앉는 것보다
기어서라도 가다 보면
아침 해는 늘 새롭게 뜬다

지친 길 가다가도 멈추지 않는 하루 끝
노을로 풀어지는 석양
저녁 해는 죽음으로 찬란함을 보여 준다

태양도 죽어야 달로 뜨는 것처럼
심장이 수축기 이완기로 뛰는 사람은
매일 죽어야 매일을 산다

그때마다 우리는 꽃씨가 되어
피어날 꽃 이야기들을 품기 위해
한 시도 걸음을 멈추지 않는다

에스더 4:14
이 때를 위함이 아닌지 누가 알겠느냐

사람의 언어

말씀으로 지은 우주에서
사람의 음파도
창조의 도구가 되었다

소리 없는 눈빛이
가장 큰 소리인 건
사랑해 본 사람은 누구나 안다

사랑은 사라지지 않는 그리움을 만들고
그리움은 심장을 뛰게 하는 심전지心電池
힘찬 날숨들숨을 만든다

독을 품은 사람의 혀는
양날에 묻힌 독의 칼
입을 닫는 순간 자기 심장을 찌른다

사랑의 원망도
사랑의 말이라고 속지 말라
독약은 약이 아니다

태초 말로 탄생한 세상은 음파 수신기
전파보다 멀리 가는 사랑의 음파만이
죽음의 수신기를 녹슬게 한다

욥기 1:22
…… 하나님을 향하여 원망하지 아니하니라

뒤돌아보면

아무도 가지 않아
외길도 없는 산과 들에서
보이지 않는 길을 혼자 걸었습니다

낮엔 해와 구름
밤엔 달과 별들
속삭이는 음성을
당신 손짓으로 알고 걸었습니다

앞에는 바람만 달리는데
어둔 밤길 헤매다 뒤돌아보면
눈썹달로 따라오시는
당신 초상화가 선하게 보입니다

앞을 보면 소리조차 없던 때도
뒤를 보면 선명히 보이는 모습
나의 길 앞과 뒤
모두 당신 품입니다

끌고 가거나
끌려가는 길이 아닌
내가 가야 할 길
뒤돌아보면 보이는 그윽한 얼굴

욥기 42:5
내가 주께 대하여 귀로 듣기만 하였사오나 이제는 눈으로 주를 뵈옵나이다

시작 노트

열두 기독시인에 참여하며

주님께서 설계하신 대로 모든 것이 다 이루어졌다.
1. 성전을 지은 후 이방인을 추방시킨다. 성전은 소수의 것인가. 나 같은 이방인을 구원하신 걸 보면 그들이 착각한 건 아닌지.
2. 아무리 견고해도 눈으로 보이는 성은 언젠가 무너지기 마련, 마음속 보이지 않는 성전이 내 속에 있어 다행이다. 그 성전에 계시는 분은 영원하여 나도 영원하다.
3. 시간 속에 사는 것들은 그 때마다 기능과 역할이 있다. 그것을 위해서 존재하는 것이다. 젊음, 지혜, 사랑은 물론 심지어 늙음, 미련, 미움까지도 필요할 때가 있지 않겠는가.
4. 창조자의 언어로 세상을 지으셨다. 신에게 지음을 받은 존재는 창조의 선한 목적을 가져야 한다. 인간의 언어도 선할 때만 기능을 발휘한다.
5. 인생의 길은 역사라는 걸 남긴다. 그 속을 들여다보면 또 하나의 발자국이 보인다. 명찰은 앞에 걸지만 십자가는 등에 짊어지기 때문이다.

권택명

약력

사랑의교회(갱신) 장로. 1974년 월간 『심상』 신인상 당선으로 등단. 제10회 바움문학상 수상. 한국시인협회 사무국장, 교류위원장 역임. 현재 심의위원. 한국기독교시인협회, PEN클럽, 심상시인회, 목월포럼 회원, 동북아기독교작가회의 한국 측 총무, 사회복지법인 한국펄벅재단 상임이사. 시집 『예루살렘의 노을』 등 5권, 이어령 시집 『어느 무신론자의 기도』 등 17권의 한·일, 일·한 문학 번역서가 있음.

성벽

쫓기듯 나서는 아침마다
짧은 기도로 마음의 성벽을 보수하고
출근길에 나선다.

광역버스에 흔들리며 왕복 두 시간 반

무너져 내리는 것과
버티려는 힘의 길항拮抗에서
너무나도 자주 무릎 꿇고 마는 하루들
내 부실한 성벽의 무너져 내린
타협과 짜증의
부끄러운 잔해들

작은 여우가 기어올라가도
무너질 수밖에 없는
원수의 조롱거리 같은
성벽이었음이 아리고 아프다.

내 안에서 날마다

아니 순간순간마다 끝없이
내 어설픈 성벽을 보수하고 있는 손길이 없다면

오래 전에
돌 위에 돌 하나도 남지 않고
잡초 우거진 옛터가 되고 말았을 게다.

느헤미야 4:3
암몬 사람 도비야는 곁에 있다가 이르되 그들이 건축하는 돌 성벽은 여우가 올라가도 곧 무너지리라 하더라

귀환

돌아가는 건 쉬운 일이 아니다.
적국이든 황무지든
모진 목숨 몸 붙여 살다 보면
살아지는 게 인생인데

그것이 조상 대대의 고토故土일지라도
황무荒蕪의 땅으로 돌아가는 건
지난至難한 일이다.
생사를 건 결단이 필요한 중대사다.

안전과 안락을 보장하던
영화로운 성벽은 이미 무너진 지 오래
예루살렘으로 돌아가는 것은
크나큰 모험이다.

그래도 소수의 뜻 있는 자들
그들이 영화와 안온의 자리를 박차고
결연히 일어나 돌아갔기에
구원의 역사가 내게까지 이른 말씀이 전해졌다.

디아스포라 칠십 년 기간에도
여전히 전능자가 내려다 보고 있었기에
믿음도 결심도 행동도
천리 길 한 걸음이 가능했을 터

돌아온 성전 막일꾼과
종의 자손까지 잊지 않으시는 그분이
나 같은 무지렁이도 기억해 주신다 언약하셨기에
모천회귀母川回歸의 연어처럼
태초의 그곳으로 귀환하는 만만치 않은 여정에
오늘도, 소망의 한 발을 내딛는 거다.

느헤미야 7:46
느디님 사람들은 시하 자손과 하수바 자손과 답바옷 자손과*

* 저자주(註) : 성전 막일꾼

느헤미야 7:57
솔로몬의 신하의 자손은 소대 자손과 소베렛 자손과 브리다 자손과

불면

세상사 여의치 못하여
잠 못 이루는
불면의 밤에는
밖으로 나가 밤하늘을 우러르자.
운 좋게 맑은 날이라면
별을 쳐다보자.
은하수가 어디론가 흘러가고
유성이라도 한두 개 보인다면
다행이라 생각하자.
무변광대無邊廣大한 하늘 아래 어디엔가
누군가 그대처럼 잠 못 이루어
밤하늘만 쳐다보고 있는 사람이 있음을 생각하자.
수억 광년을 넘어 별들이 그대에게 보내는
메시지에 귀를 기울이자.
무엇보다, 그대를 이 땅에 보낸 후
천상에서 평생을 지켜보고 있는
그대만의 별이 있음을 생각하자.
그 별도 지금 그대를 내려다보고 있음을 떠올리자.
구름 끼어 별이 보이지 않아도

그 너머 또 그 너머에 뭇별이
쏟아지듯 빛나고 있음을 기억하자.
그리고 방으로 돌아와
구약성서 에스더서[*]를 읽자.
바사의 아하수에로왕이 잠이 오지 않아
궁중실록을 읽음으로
죽음이 생명으로 반전하는
창조주의 은혜로운 시나리오를 기억하자.
언제나 끝내는 살리시는
선하신 섭리 안에 살아 있음을 생각하며
오늘 그대의 불면에도
역전의 드라마를 쓰실
전능자의 은총이 숨어 있음을 돌아보며
감사하자.

에스더 6:1
그 날 밤에 왕이 잠이 오지 아니하므로 명령하여 역대 일기를 가져다가 자기 앞에서 읽히더니

[*] 에스더는 '별'이라는 바사(페르샤)어에서 왔다고 함.

권택명

소망
— 욥처럼

보이지 않는 사탄의 전략에 걸려
슬며시 노후 생활이 염려되는 날은
구약성서 욥기를 읽는다.
「모태에서 빈 손으로 태어났으니
죽을 때에도 빈 손으로 돌아갈 것」*이라는 구절에
밑줄을 긋는다.
희미하고 가느다란 연필 한 줄에도
동아줄처럼 든든한 힘이 느껴진다.
아침마다의 각오가 어처구니없이 무너지고
패장敗將의 얼굴로 돌아온 날은
「하늘에 내 증인이 계시고
높은 곳에 내 변호인이 계신다」*는
욥의 말에 다시 밑줄을 친다.
감히 그런 말을 할 수 있기를 바라는 소망으로
잠시나마 평강의 닻이 영혼 깊이 내린다.
원하는 선은 행치 아니하고
원치 않는 죄에는 걸려 넘어진 날엔
말씀 앞에 엎드려
「내게 아무런 잘못이 없으니

하나님께 떳떳하게 말씀드릴 수 있을 것이다」에[*]
또 한 번 밑줄을 굵게 긋고
언젠가 나의 고백일 수 있기를 감히 기도한다.
전능자 앞에서
무지와 오만의 강변強辯이었을지라도
그분 앞에 끝내 거리낌없이 서겠다는 욥의 생애
불여의不如意하고 불가해不可解한 지상의 나날
날마다 부끄러운 남루를 벗으며,
전능자가 자랑하는 그의 삶에
남은 날들이라도 밑줄을 긋고
방점을 치며 살고 싶다.

욥기 1:21
내가 모태에서 알몸으로 나왔사온즉 또한 알몸이 그리로 돌아가올지라 주신 이도 여호와시요 거두신 이도 여호와시오니 여호와의 이름이 찬송을 받으실지니이다

[*] 구약성서 욥기 1:21, 16:19, 23:7(표준새번역)

권택명

변명
– 욥의 아내

　동방의 의인이라는 당신의 아내가 되었을 때 나는 두려움과 불안함을 감출 수 없었지요. 당신에게 어울리는 반려가 될 수 있을까… 어느 날 갑자기 우리에게 청천벽력, 파멸과 죽음의 그림자가 덮쳐왔을 때도 나는 당신의 그늘 아래 겨우 견딜 수 있었지요. 하지만 당신은 상상조차 못할 산통을 견디며 열 달 동안 배 아파 낳은 열 자식들이 모두 눈앞에서 사라지고 당신은 전신 악성종기로 잿더미에 앉아 옹기조각으로 긁고 있었을 때 나는 당신이 너무 가여워 그만 나도 모르게 울부짖고 말았지요. 당신에게 악담을 퍼붓고 말았네요. 그래서 '어리석은 여자'가 되었지요.

　그러나 나는 생각했지요. 전능자가 모든 걸 거두어 가시면서도 왜 나는 당신 곁에 두셨을까요. 내 믿음은 당신에게 못 미치고 수많은 여인들의 이름이 등장하는 성서에도 나는 이름 없는 여인 그저 '욥의 아내'로 더러는 악처惡妻의 전형으로까지 인용되며 대대로 치욕스레 남아 있을까요.

　그건 단지 극한의 고통에 시달리는 당신을 수발하고 당신의 세 친구들이 왔을 때 물 한 잔이라도 내놓는 그런 것을 훨씬 뛰어넘는 그 무엇임을 알았지요. 그건 남자와 여자를 만드시고 여자를 '돕는 배필'로 만드신 창조주의 뜻 생명에서 생명으로 이어지게 하는 우주창생의 비밀이었지요. 먼 훗날 그리스도가 오셔서 부모를 떠나 한 몸이 되라 하신 대로 당신과 나는 동전의 앞과 뒤 나눌 수 없는 하나였기에 전능자가 사탄에게 당신의 '생명'은 해하지 말라고 하신 그 생명은 곧 나의 생명이기도 했기에 나는 당신과 함께 살아있었던 거라는 걸 알았지요. 전능자께서는 이미 나를 통해 새로운 열 자식들을 주실 계획을 갖고 계셨던 거지요.

나는 여전히 당신만큼 전능자를 못 믿고 당신에게 악담을 퍼부은 이름 없는 악처로 남아도 나는 다시 당신은 감히 죽었다 깨어나도 할 수 없는 잉태와 산통을 거쳐 전보다 더 아리따운 자식들을 낳았지요.

당신은 백사십 년 오래 살다가 세상을 떠났다고 기록되었는데 나는 빠져 있네요. 그래도 좋아요. 아는 사람들은 누구나 내가 언제 떠났든 천국에서 꿈에도 그리던 먼저 간 우리 열 아이들을 어리고 젊은 모습 그대로 만났을 거라는 걸 알고 있을 거예요. 당신의 의와 고난과 인내와 승리와 축복의 이면에 동전의 한 면처럼 거울처럼 마주보는 내가 있음을 알리셔서 창조주가 만들고 보내신 부부란 그런 거라고 증언하고 계시는 게 아닐까요…

욥기 2:9
그의 아내가 그에게 이르되 당신이 그래도 자기의 온전함을 굳게 지키느냐 하나님을 욕하고 죽으라

* 마가복음 10:8

시작 노트

 성경은 시와 문학의 수원지이지만, 갈수록 이 무한무궁의 수원지에서 물을 뽑아내어 21세기 현실을 사는 자신의 시로 형상화시키는 일은 참으로 어렵다는 점을 절감한다. 기도를 하고 또 하며 시를 써도 결국 성서 속의 한 작은 물방울 같은 흔적 하나도 제대로 옮겨오지 못하는 것 같은 느낌에서 벗어나지 못한다. 자신의 역량 부족에서 기인하는 것이기는 하지만 영감과 언어감각이 모자라는 자괴감이 크다. 특히 이번에 제재가 되는 〈욥기〉는 그 자체가 문학이어서 그 절묘한 깨우침과 울림에 압도당해 이를 나의 언어로 옮기는 일이 너무 어려웠다.

 성서는 수천 년 전에 씌어진 책이지만, 시대를 초월하여 언제나 새롭다. 그리고 그 서사들은 또한 그 시대 시대를 사는 사람들의 개인적인 삶으로 수렴되고 그 생을 변화시켜야 한다. 그래서 성서의 어느 부분이든지 오늘 이 땅에 살아가는 나의 삶과 유리되지 않도록 해야 한다는 생각을 하고 있다. 작품들이 대부분 개인적인 차원으로 내려와 있는 까닭이기도 하다.

 지금까지 다섯 번의 '열두 시인의 노래'에 참여하면서, 소재로써 좀 다루기 힘들더라도 가급적 각 성서마다 한 편씩 써보려고 노력했는데, 이번에는 〈에스라서〉가 빠지고 말아서, 적국의 포로 생활에서도 쉬지 않고 하나님의 율법을 연구한 학자이기도 한 에스라

선지자께 미안하고 송구하다.

    세월이 얼마나 주어져 있든지 간에, 변변치 못한 작품이지만 위대한 성서의 말씀을 한 부분이라도 제대로 형상화하고 싶은 것이 앞으로의 변함없는 꿈이다.

    오직 여기까지 인도해 주신 하나님 아버지께 감사드린다.

김 석

약력

창천감리교회 장로. 1978년 『현대문학』으로 등단. 크리스챤문학상 수상. 한국시인협회 자문위원. 퇴계학회 회원. 계간 『시와 함께』 운영위원. 시집 『우슬초로 씻으소서』 외 7권.

고샅 – 길

피부색에 관계 없이 싹쓸이 코로나19 팬데믹
중화인민공화국 우환의 인민군 실험실에서?
조선 그때처럼 사대교린 관용어의 동방예의지국
북한 정권은 인민 공산당 중국과 혈맹 유기체라는
남 정권 또한 여태 정부보다 차렷 예의의 자세라는,
정권 담당자는 우환에 다녀온 우리 국민이 문제였다는,
당돌 마스크의 중화 외교장관이 내민 불끈 주먹 높이보다
대응을 잘하고 있다는, 수평 이하 주먹으로 대통령의 악수
주먹질 악수가 싫어서 허리 숙여 나는, 숨 틔우고 있었느냐고
더욱 허리를 수그려서 간만에 그리운 이들의 안부 묻고 만났다

정책에 순종하면 다음 달 둘째 주일부터는,
숫자 제한과 거리 두기 등 계속 순종을 조건으로
조건부 이행의 종교 집회를, 정부가 허용하겠다는
예배를 집회 작태로 체크하는 해거름 성전을 찾았다

나그네를 위해서 항상 열어두었던 1층 기도실
기도실마저 굳게 잠긴 하나님의 민낯 지상 집
예루살렘의 이방인들이 성전 이방인 뜰을 찾듯
잠긴 문 성전 바깥기둥 계단에 마스크 채 앉아
한참을 눈 감은 채, 눈을 떠서 다시 앉아 있었다
희고 검은 마스크 행렬이 세브란스 장례식장처럼
예배당의 정문을 힐끔, 침묵으로 지나가고 있었다

코로나19 팬데믹을 이용, 시설 개선 하나님의 집
두 손을 모든 모습처럼 하얀 원추형으로 천장과
창세기에서 계시록까지 20여 글라스 페인팅 성화
청명 파이프 오르간의 소리가 도시의 햇살처럼
오늘까지 세 번 개축으로 115년을 한 자리에서
철근 콘크리트 기둥과 뾰쪽 두 십자가 수평으로 성전
더딘 걸음으로 섬기고 기도하며 달려왔던 하나님의 집
천칭天秤 눈금처럼 영성과 이성의 대위법으로 사람들 집

이성보다 유튜브 영성보다 술잔과 비틀걸음 대학촌
그럼에도 더욱 영성 하늘을 가꾸고 보여 드려야 한다는

1906년 주춧돌, 2021년 팬데믹 오늘까지의 115년
코흘리개 유년의 고샅-길 아버지의 집 그리움처럼
한결 믿음, 두 손의 봉사, 말씀 선포의 소명감으로
보이지 않아서 더욱 있어야 함으로 땅 위 하나님의 집
어제와 오늘과 장래에도 하나님의 말숨*이 살아 있는
뵈지 않아서 더욱 있음으로 하늘 아버지와 사람들 집

느헤미야 8:18
에스라는 첫날부터 끝날까지 날마다 하나님의 율법책을 낭독하고 무리가
이레 동안 절기를 지키고 여덟째 날에 규례를 따라 성회를 열었느니라

* 말숨 : 우리말로 철학하기의 다석 유영모 선생은 성령을 우리말로 바꾸어 말+숨 이란 표현법을 썼다.

성전 바깥기둥에 기대어

신촌 로터리 사위四圍 바람의 길바닥
신의주 순대 맛, 몇 해 전에 세상을 뜬
허리가 거의 90도 꺾인, 일제 일신여학교 출신
얼굴이 백옥처럼 이북 영변 출신의 여권사님은
길가에 앉아 바람 속 시든 배춧잎 속 다듬었고
시들 배춧잎처럼 먼지 속의 믿음이 부끄러워서
순대 속 새벽을 채우기 전 풋풋한 배춧잎처럼
고르고 다려서 풋풋한 배춧잎의 지폐들을
주름 두 손등과 무릎 꿇어 제단에 드렸다

살얼음 아침 등짐 계단과 젖은 베잠방이의
시멘트 바람 속 벽돌 짐 작은 키 권사님은
밭은 걸음 마른 목젖 땀방울을 엮어서 드렸고
33년 한 길 공무원으로 실밥 넥타이 장로님은
퇴직 후 돋보기 눈과 때로 말매미 울음 두 귀
돋보기 닦고 바꾸면서 말씀 새벽 제단을 지켰고
신혼부부 몇은 빛나되, 반짝거리지 않기를 다짐
서로의 눈에서, 반짝거렸던 처음 결혼 기념품을
손 잡고 새벽제단에 나와 침묵 다짐으로 드렸다

하학상달下學上達*,
붙든 말씀과 기도 숙여 우러름으로 사제들은
기도 속 눈물을 걷어 때로 하늘 일 보여 주시는
야훼의 침묵 또 침묵, 성전 건축 위해 기도하며
붉은 벽돌 하나 철근 한 토막 모여 오병이어임을
내 먼저 시나이반도 한 조각 만나가 되어야 한다고

그리고,
허공에 뜬 지구처럼 빈탕한데 야훼 하나님의 집
그럼에도,
노아 방주로 주셨던 무지개가 오르고 걸친 것처럼
땅 위 성전 기둥이 빈탕한데 박혀야 한다는, 함의含意
말씀에는 주님이 걸어가셨던 지상 길 또한 무지개처럼
사제들이 그 길 보고 잡아 걸어가며 보여 주어야 한다고
때에 예배를 알리는 종소리는 벙글어 터지는 꽃봉오리요
말씀은 샘물처럼 찰랑거림으로 나부터 목마름 벗어난다는

네 발에서 두 발로, 두 발 뒤의 뒤뚱거림에서
세 발 걸음 법이 자연스러워 부끄럼으로 나는

모래 몇 줌과 벽돌 몇 조각 드렸던 부끄러움의
닫힌 문 적막 성전의 바깥 기둥에 기대 앉아서
마스크인 채 성전 바깥기둥 어둠을 쓰다듬다가
카뮈의 소설 페스트, 소설 속 의사 뤼를 생각했다
성전 바깥기둥보다 더 적막감으로 내 불신의 마스크
싸늘한 철근 콘크리트 기둥과 침묵 계단 닫힌 예배당
페스트 속 의사 뤼와 오랑 시와 세브란스가 있는 신촌

에스라 1:2
바사왕 고레스는 말하노니⋯ 나에게 명령하사 유다 예루살렘에 성전을
건축하라 하셨나니

저자주(註)
1) 기표記表 나를 놓고 마음 속 기의記意를 만지작거렸다.
2) 파롤 : 공유하고 있는 기호목록을 실제 사용하는 행위다. 사전처럼 공유한 것
   에서 개인이 특정요소들을 선택하여 말하는 행위로서의 말이다. 언어를 사용
   하는 사람의 발화 행위인데 시를 포함 예술과 종교, 경전에 쓰인 기호의 언어
   들이 여기에 해당된다.
3) 랑그 : 일종의 사회적 사실로서 한 나라 국어와 역사적으로 개별의 언어이다.
   랑그는 한 언어사회 안의 구성원이면 누구나 다 알고 있는 공통된 기호체계
   이기 때문에 공동 계약으로 약정된 것이다. 소쉬르는 랑그란 모든 언어의 사
   용자에게 한 권씩 분배된 사전으로 비유했다.

* 下學上達 : 논어 헌문에 실려 있다. 낮은 것을 배워 위에 것을 통달한다. 아래
  는 나의 위치요 위의 것은 천명과 천도인데 하늘이 안다는 말씀은 내가 나를,
  나만이 나를 안다는 뜻이다. 즉 사제들은 내가 믿지 못하고 믿어지지 않는
  하나님에 대한 믿음을 사람들에게 전파할 수 없고 해서는 안 된다는 뜻이다.
  믿음은 直觀이요 體認이기 때문이다.

에돌-길·1

중 2학년 새벽 종소리에 끌렸던
언덕 위 예배당, 유월 오후였다
매일 또래 맨발 아이들의 성성했던 발 냄새
마루바닥에서 학생예배 지도교사님 싱경 본문은
마가복음 2장 1~12절 사지 움쩍 못한 중풍병자
지붕 뚫고 내려 치료받은 중풍환자의 비유였다

밤 열두 시면 정전이었던 그 시절
성탄 이브면 죽편竹片에 한지를 바르고
기쁘다 구주 오셨네, 만 백성 맞으라
덜 마른 죽등에 촛불 넣고 새벽을 걸었던
단발 여학생들 광주리엔 건빵이며 눈깔사탕,
백설기며 인절미, 때로 식혜며 강엿까지
빨간 볼 또래 영자와 덕자 숙희와 순복이
여름이면 맨발의 영철이 그리고 연전에 세상을 뜬
해 지는 줄 모르고 딱지며 땅따먹기 단짝동무 수남이

교복과 사각모 대학시절 주일의 예배
금테 안경을 추스르며 근엄 으뜸 장로의

느릿느릿 우리말 문어체로 십계명의 봉독
제7 계명 지날 때면 찔끔 고개도 숙였었다, 나는

흥남철수는 배달겨레의 엑소더스입니다
배달민족 우리에게 엑소더스이고 말고요
닳은 양복 소매와 때로 골덴 상의 차림의
고향이 청진이라는 피난민 박장로님의 기도
믿음 때문에 배를 타야 했다는 장로님 기도는
고향을 떠난 믿음의 조상 아브라함으로부터
나무와 불은 준비되어 있는데
아부지란 말 차마 삼키며, 야훼께 드릴
번제물은 어디에 있습니까, 내 아버지여
순종으로 묶인 팔다리 이지음 사춘기쯤 이삭과
베델 들판 야곱의 돌베개 하늘 사닥다리로 시작
골고다 때로 영문 밖 길 십자가와 예수의 부활과
재림 때까지 함경도 사투리로 10여 분의 대표기도

남해 바닷가가 고향이라는
선박회사 사장 젊은 장로님의 대표기도는

몽그작거리는 종이짝의 소리가
뜨악 요단강을 건널까 말까, 떨면서
밭은 숨소리로 더듬거렸던 풋감처럼 웃음 추억
오직 하나님 찬양, 하얀 복식의 찬양대 자리
간지러운 목구멍 불협화음이 부끄러웠음, 나의

목회자들의 지금 놀이랄까, 취미와는 완연,
1남과 연년생 끼어서 여섯 따님이었던가
대한 예수교 장로회 고신파 제3 영도교회
자상했지만 근엄함으로 목사님의 화두는
고신파의 교회는 일제 궁성요배宮省遙拜와
창씨개명에 죽으면 죽으리라, 사생결단?
결국 사람들 일인지라 타협이 이루어졌지만
투옥과 고문과 선혈의 순교, 6·25의 점철로
계절 따라 하양 검정 예복과 희끗 귀밑머리
인천 상륙작전 멕아더 장군 기도문 자주 암송하셨던
백열전등을 타고 날리었던 침방울들, 때문에
뭐라캐도 인천상륙작전은 하나님 은혜가 분명했다고

설교의 결론 이르러는 내촌감삼의 밑힘으로 믿음과
동래 금정산 70인 바위에서 기도하며 주석을 달다가
가죽가방 속 주석을 두고 깜빡 하산, 몇 시간 뒤에
피난민들 그 시절이었는데, 가죽가방 그 자리에 있었다는
박윤선 박사님 주해서 인용의 말씀이 한 시간 가까이
때문에 주일예배는 두 시간 기슭을 지나 끝이 났었다

낮은 천장 예배당과 때로 삐걱 마룻바닥과
닳은 마룻바닥에는 금줄처럼 하얀 페인트와
고린도전후서 교회의 여자신도들처럼이랄까
흰 나일론이나 명주수건으로 머리를 감춘 여신도들
붉은 댕기, 흰 저고리 검정 치마의 처녀도 한둘씩
쿵, 닳은 마룻바닥에 더러 남자신도들 세월의 이마가
목청 돋구어 찬양 뒤 젖은 가슴과 목덜미의 땀, 나는
가릉거리는 목소리 천식 징조가 아닐까, 묶어야 했다

여신도들 쪽 벽의 성미 바쳤다는 파랑 그래프의 수평선
남성들 편 벽은 들쑥날쑥 수직 빨강 막대 그래프 십일조
가슴앓이 학생이었던 나는 주일헌금이 겨우였고, 교회의

양철지붕 빗방울 소리 홑 유리창 열기 목사님 따님들 중
다섯째 따님 볼 때면 쿵쾅 가슴, 찬양대 대학시절이었다

찬양 연습 때면 사카린 국수가 맛님이었다
가래침 뱉는 일이 더러 묵인되었던 골목길
골목 백열등 아래 침을 뱉으면 피도 섞였지만
토요일이면 벼루어 목욕탕 찾아가 몸을 씻었고
우리말 성경 66권은 일점일획 그릇됨이 없다는,
허투루 말씀 붙잡고 ~처럼 대해선 아니 된다는
토요 밤이면 통금 사이렌과 함께 일상은 올 스톱
주일은 하나님께만 기대어야 바른 삶 법이었음을

에돌-길·2

서울서 아침 부산 내려서 점심을
1970년 7월 초 경부고속도로 개통
한 마장의 길처럼 환하게 뚫리던 해
뚫리던 날까지 길을 내는 것 한사코 반대
반대의 혓바닥과 빈 주먹질들도 있었지만
나흘 뒤였지 아마, 환하게 뚫린 고속도로의 길을
맑은 더위 새벽 7월 10일 부산 서울 고속도로 달렸다

여치며 메뚜기의 창자 더러 들새 머리통이
고속버스 앞 유리로 돌진했던 경부고속도로
주일 새벽 출발 서울역 건너의 그레이하운드
양동이라 했던가 도동이라 했던가 버스정류장
종로 3가 백궁다방이었던가, 걸어서 이삼십 분의
스카라 등 극장들 팻말의 뒷골목, 11시 한 예배당
미국 유학 고신파의 부산 담임목사님은 설교 때면
우리말로 성경의 말씀, 유창流暢 영어도 절제했는데

종3 서울 교회 목사님 설교의 말씀은
지금 우리말로 번역되어 있는 성경은

원문과 달라도 한참 거리로 다르다는
잘못 옮겨진 곳 또한 한두 곳이 아니라는
30분 남짓 종3 골목의 교회 목사님 설교는
물 많은 구포산 배 그 단배의 뱃살 맛을 핥듯
나긋나긋 등을 치는 수도 서울의 서울 말씨였다

지상교회 기독인들은 불의에는 목을 세워 현실 참여를,
아편처럼 말씀은 켜켜이, 지금 생각하니 그래서였을까
키득키득 웃으며, 침을 삼켜 들었던
내 벗의 실패, 종3 동정담童貞談처럼
종3 골목 교회의 풀빛 복식 흰 까운 목사님은
메모를 넘기면서 생살을 찢듯 화살 말씀
우리 기독인들은 자연생태의 파괴
경부고속도로 때문에 찢기고 뚫린
찢긴 길 시멘 터널 위의 뿌리들 울음소리들을
듣고 보고 반드시 지켜 막아야만 한다는,

흥남부두 시절 피난민 수도 부산, 눈물 섞인 교회
눈 감으면 코 베간다는, 환도 후의 뒤죽박죽 서울

척박 서울 정착과 점유의 교회 차이러니 생각하다가
유신이 함몰되던 80년 서울로 옮겨와 안 일이었지만
때의 종3 교회 목사님은 유신을 앞서 반대, 그리고
뵈지 않는 믿음을 밑힘으로 보여줘야 산 믿음이라는
유신반대 몇 번 투옥의 경험과 본 회퍼가 전공이라는
시위 때는 예배당보다 시위 그 장소가 성전이라는
종3 목사님은 지금까지 좌우 격렬 세상을 떠났지만
믿음은 바라는 것들의 보지 못해 더욱 믿어야 하는
보여주어야 함으로 검은 실루엣이랄까, 페르소나랄까
WCC 쪽 교회가 아닌 NCC 교파들의 우듬지 교회였음의?

1980년 삼일절부터 서울살이 꿈틀 나는
교회를 두 손으로 붙잡지 못하고, 한 주일
정확하게 3분 기도, 30분만 설교의 말씀
김동혁 목사님 새문안교회 4부 예배 뒤
부산 시절 보수동의 헌 책방을 찾았듯이
맑은 물? 청계천 4가 누빗 책방 길 걸었다
문공부 간행, 아직 잉크 냄새 80년도 기독교 연감
오직 현재진행형 고신파 장로교회의 신자였던, 나는

문공부 등록 장로교회 교파의 수가 88까지 도달했다는
통계에서 빠진 장로파 교회들이 상당 있음 추측된다는

성부 성자 성령 삼위 人子 예수 안에서
예수교장로회의 교파가 88개의 내 나라
땅 위 사람들 대박 터지는 싸움판도 두 축과 두 파인데
나를 미워하는 사람일수록 더욱 두 손으로 모셔야 한다는
시쳇말 대깨문 아닌 대깨목 목사의 파, 너는 대깨장들 파
이 저도 싫어 오직 믿음 안에서, 때문에
대깨목 목사 파도, 패거리 떼거리 장로들도 싫다는,
한 예수 안에서, 교회 안의 싸움판은 두 파에 +ā의

때면 묵정 자갈밭에 마른 씨앗을 던지듯
분쟁 분파 사람들의 설경舌耕 세 치 혓바닥
그래서, 그러함에도, 이 또한 전능하신
하나님의 깊은 뜻하심이? 아니겠느냐는 누런 침방울을

초기 미국의 선교사들 상당은 FBI 끄나풀이었다는?
미국 선교 정책은 조선 분단 백성들 혈연과 지연의

조선인들은 모이면 혈血과 파派로 찢긴다는 제국주의
일제 식민사관과 그런 역사관 잔패를 몰아내야 한다는
광복과 함께 좌우로 결별 조선 민족에게
밀가루 포대와 함께 진리가 너희를 자유케 하리라는

청교도 성격? 미국 북장로교회 후원을 업은
예수교 장로교회는 평안도와 경상도를 선점
강원도와 충청도 경기 남부는 감리교회가
수고하고 무거운 짐을 진, 곡창 전라도 사람들은
내 멍에는 쉽고 진짜 가벼움 아닌 가벼울 것 같다는,
그래서 진보? 미국 남장로교회의 후원을 배경으로,
양적으로 세계 1위에서 5위까지 줄을 세우는
대형교회가 서울 안에서 활개를 치고 있다는?

광복 76년을 기념, 좌파 정부의
한복을 걸친 8·15 광복회장의 작심 세치 혀는
마스크 밖 입 열고 목심줄을 세워서 발설은
반드시? 걷어내고 찍어내야만 하겠다는
휴전선이 너무 가까워서, 그런 것일까, 일산의 내 집

2021년 광복절 주일 아파트 베란다 작은 국기 게양대
붉고 파란 동심원 태극과 건.리.감.곤 사방 이치됨의
마파람에도 태극 깃발이 날리기를 홀로 게양揭揚하며
코로나19 팬데믹 빙자, 비대면과 유 튜브 로 주일예배
예배의 틈과 설교 틈 음식남녀 색색 광고와 더불어
유튜브의 가상공간 앉아 주일예배를 드렸다, 그리고
식민지 디아스포라 유대민족의 정화를 위한 율법서
페르샤 노예시절 유대 율법학자 에스라의 에스라書
포로시절 유대 율법학자 에스라의 에스라서를 읽었다

한양 주변만 떠돌이처럼 39년
서울살이 시인으로 내 믿음은 부평초처럼
뽑힌 뿌리 떠도는 밑힘으로 내가 아니었는지
지상의 불빛이 없어 하늘 별빛 없음 더욱 선연한
인시寅時의 적막 20층, 9층의 서창 가 홀로 앉아서
시장바닥 떡장수 할머니와 금강경박사 덕산과 화두
고픈 배 덕산 스님의 떡 한 개피 공양을
내 물음에 스님이 답하면 점심을 공궤하겠다는,
그리고 스님은 과거심, 현재심, 미래심 어디에

점심*을 구하는 스님의, 점심 마음을 찍겠느냐는
금강박사 덕산德山이 금강金剛 등짐 불에 태우고
등불 끄고 칠흑 별빛 계곡 따라 별 암자로 걸어갔듯
근엄 십계명으로 시작 젊은 시절 기침으로 가슴앓이의
용두산 부활절 연합예배에서 하나님이 치유해 주셨던
주님 손길 내 좌측 폐 스쳐갔음의 에스라 정결례 흔적

마스크 속에 입과 코 감추고 지하철 경노석 자리
지린 내음 흔들리며 잠이 들어 몇 정류장을 지나
들었던 책도 깜빡, 아차 하는
믿음이 밑힘이지 못한 실루엣으로 무명의 길
중심 머리채도 다 빠져버린
길어진 실루엣으로 에둘러 온 에돌 믿음의 길
민둥산처럼 민낯으로 내 허두虛頭
감춰 웃으며 벌써 점멸등 내리막길을 걸었다

밑 모르는 슬픔으로 두레박을 내려
찬물 한 모금의 한낮을 올리었던
차도르 휘감아 예수 앞 수가성의 여인처럼

바다를 곁에 두고 뙤약볕 모래 위 휘뚜루마뚜루
파도가 지우는 한 걸음 한 걸음 모래밭 길의 믿음

벗어 드리고 가야 함으로 형해形骸
별이 없는 별밤에 별을 향한 항해航海
덕산이 금강경 태워버리고 별밤을 걷듯
내려서 더욱 내려가야 함으로 별이 없는
별이 없는 별밤, 별이 그리워서 에돌−길 시를 쓴다

욥기 19:2
너희가 내 마음을 괴롭히며 말로 나를 짓부수기를 어느 때까지 하겠
느냐

* 點心 : 당나라 승려 덕산은 금강바라밀다심경의 박사였다. 등에 그가 주해한 금강경을 지고 중국 남방의 한 시장을 지나다가 시장하여 모퉁이의 늙은 떡장수 할머니에게 떡 한 덩이 구하였다. 할머니가 点心을 공양하겠다며 질문이다. 내가 점심을 공양하면 스님은 스님의 과거심, 현재심, 장래심 어디에 찍겠느냐고, 물음에 답을 할 수 없었던 금강경박사 덕산은 등에 지고 있던 금강경 주해서를 불에 태우고 용담사를 찾았다.

에스더와 인당수

마을의 입구에는
늙은 느티나무가 청홍의
금줄을 두르고 서 있었다
당산목처럼

밥 짓는 연기가 삽살개의 꼬리처럼
중년 아낙들의 동동걸음으로 물동이
황성에서 백년하객이라도 온 것일까
사립문 안에선 씨암탉의 목 뒤틀리는
시누대와 사금파리와 흙냄새 고샅-길을
눈을 뜨고 싶은 아버지 심학규 손을 잡고
터진 손등 헤진 소매 청이가 걸어가고 있다

비나이다, 비나이다
천지신명 일월성신님께
소녀의 목숨을 받으시고
아버지가 밝은 세상 펼쳐 보시기를
인당수 회오리 파도 위로 열다섯 청이는
목숨을 던졌다, 인당수 파도갈퀴 물결들

예수가 꾸짖었던 갈릴리 잔잔한 물결 인당수
지금의 인당수는 적멸 삼팔 이북 뱃길이라 했다

네모 대리석 길과 허연 페르시아의 복식은
우리 옛 홑바지처럼 헐렁 복식의 페르시아
이지음 아프카니스탄 텔레반 남자들의 턱수염
구렛나루 남정들이 열사의 마른 길을 오가고
낙타가 바늘귀의 문으로 들어가듯
눈만 내놓은 검은 차도르 페르샤 여인들이
까만 눈 코흘리개 아이들 손목을 종종걸음으로
낮은 문 낮은 지붕 밑으로 사라졌다

알라만의 절대 절명의 나라 페르시아
절대를 배신하면 돌아오지 않는 부메랑처럼
대리석 바닥과 아라베스크 무늬의 구중궁궐
궁궐에는 현란 배꼽춤 파티와 혹간 웃음소리
웃음소리 위로 열사이 달빛과 별들이 쏟아졌다

백향목 궁궐의 문짝들과

버짐꽃처럼 한낮 대리석 뜰이 보일락말락
초소에는 이스라엘의 이지음 모사드처럼
포로 유대의 문지기 모르드개가
거울을 보듯 궁궐 안의 일을 보다가
둘째 왕비 에스더를 불러 귓속말이었다
포로 유대인을 멸절, 하만이 흉계를 꾸미나니
너를 세움이 이 때를 위함이 아니었겠느냐

유대의 책사 모르드개는 더욱 힘을 주어
히잡이 썩 어울리는 왕후 에스더에게
이방 여자 네가 왕후로 간택이 된 것은
이 때를 위해 세웠음을 잊지 말아야 한다
페르샤 궁궐 제2인자인 장군 하만은
게르만 민족의 아우슈비츠처럼,
유태인 척살을 위해 몰두하고 있나니
잊지 말아라, 이 때를 위해 네가 세워졌음을

곽씨 부인이 차마 뜬 눈으로 눈을 감은 뒤
심학규는 젖동냥洞糧으로 딸 청이를

동네 젖먹이 아낙들의 젖줄에서 젖 심줄로의 목숨
청이는 늙은 느티나무 청홍을 건 마을의 인정으로
아낙들의 보시 젖가슴 놓은 뒤 청이는 다시
장님 아버지 손을 이끌며 밥술 구걸을
일곱 살 들면서 청은 지금의 가정부 일과
늦은 밤까지 삯바느질, 삯바느질이 없는 날이면
주름 아버지 손을 잡고 어머니 무덤까지 걸었다

포로의 땅 페르샤에서 부모가 없는 에스더
유대 소녀 에스더의 후견인으로 모르드개는
페르샤 왕의 둘째 번 왕후로 에스더가 뽑히게 하였고
지금 이스라엘의 모사드가 북한의 핵시설을
우리의 국가정보원의 첩보보다도
옛 페르시아의 땅 이란 핵 설비 위치와 정보를
구레나룻 이란의 정보기관 앞서 파쇄破碎하듯
궁궐 문밖에서 궁성 안 일거수일투족 뚫고 있었다

오늘 아침은 이밥에 고기반찬이구나
아버지가 연신 놓친 수저를 더듬거리며

참 맛나다, 뉘집의 제사라도 있었느냐
이밥의 숭늉마저 마시고 싶다는 심봉사
숨겨 들썩이는 청이의 흐느낌이
핏줄 아버지 마음 눈에 밟히고야 말았다

어버지께서 개천에 빠져 약속하셨던
몽은사의 주지스님께 공양미 삼백석
삼백석의 공양미를, 아니 세 댓박의
동냥이라도 누가 우리에게 쉬 주겠어요
조반상 앞 열다섯 청이와 장님 심학규의
성난 파도 인당수의 길 앞서 눈물의 밥상

안성맞춤 비단 히잡의 후궁 에스더
에스더가 하만이 유대인의 척살
후견인 모르드개에게 듣던 날
스물 남짓의 에스더는 말했다
3일을 먹고 입는 일 아예 끊고,
골방에서 민낯으로 야훼께 매달리리니
페르샤의 유대인 포로들에게 알리소서

저와 유대민족의 3일 금식이 끝나는 날
바샤 왕국 궁궐의 칼 계율에 걸리더라도
내 민족과 후견인은 말하지 아니하고
허리춤엔 항상 날 세운 칼집 속의 칼날
검은 윤기 수염과 비단옷의 왕 앞으로
죽으면 죽으리라, 당당히 나아가리라

고운 화장과 짙은 입술의 유대여자 에스더
대리석과 모자이크벽 왕의 침실을 향하여
부름이 없는 후원 길을 혼자서 걸어
허리춤 칼날 왕의 처소 향해 걸었다
에스더여, 네 소원이 무엇이냐,
고운 자태 에스더에게 금가락지 끼워 주며
왕은 네 소청이 무엇이냐, 거푸
나라의 반이라도 너에게 주겠노라

는개가 걷히고 잔잔한 인당수 뱃길
중통외직中通外直 연분홍 연꽃 한 송이
꽃가마 모습 꽃봉오리 뱃사람들이 건졌다

꽃봉오리 열리고 청은 왕후라는 직함 얻었지만
수심愁心 청의 마음을 읽고, 까닭을 들은 왕은
도라산 역에서 개성까지 중간쯤? 때의 황성皇城
황성의 문을 열고 한라 기슭에서 백두 천지까지
전국 맹인들의 잔치가 열린다는, 방榜을 붙였다

맹인들의 잔치가 끝나가던 날
휴전선 녹슨 철조망처럼 늙은 장님이
검은 손때 막대에 기대어 궁궐 문 들어섰다
아부지,
왕후 심청은 열다섯 그 때 그 목소리로
아부지 심학규를 불렀고, 장님 아버지는
목소리는 열다섯 그때의 청이의 목소리인데
감긴 눈 아직인 채 네가 내 딸 청이란 말이냐
뺑덕어미에게 찢긴 관과 땀내의 망건 모습으로
심봉사는 비단옷 왕후에게 안겨 칠흑 두 눈을 떴다

히잡이나 부르카 차림이 아닌
연분홍 연꽃처럼 비단 옷과 짙은 속눈썹의 스물 에스더

유대 처자妻子 에스더는 뜬 눈 아버지께 청이 안기듯
그 밤 맨몸의 왕과 하만만을 궁중 연회에 초대했다
더욱 예쁘구나 에스더여, 너의 소청이 무엇이냐
칼이 없는 허리춤 칼 자리 만지면서, 칼을 가져오너라
너의 소청이 무엇이냐, 거푸 묻고 물었다
왕의 수염보다 더욱 짙게 정돈된 하만의 턱수염
때로 에스더를 곁눈질의 하만을 보았던 왕에게
흐느끼며 에스더는 턱수염 하만을 가리켰고
아우슈비츠 꿈 하만은 그의 집 후원의 장대에
검은 수염 바람에 맡긴 채 장대에 매달리고 말았다

당동벌이黨同伐異의 지금 좌우 분단 내 조국
조국의 사태 이후 더욱 내로남불이라 했던가
네 편과 내 편, 성형 눈꺼풀의 닫은 마음으로
찢고 흩어짐은 혈육血肉마저도 타인들이라는
70여 년 분단 속에서 눈을 감아 반은 웃고
반은 울다가 눈을 떠 울고 있는 내 나라
네가 진짜 청이란 말이냐, 뜬 눈 심학규가
핏줄 끌어안고 소용돌이 물결처럼 웃었던

인당수 해안은 뚫린 바위들 동족 살생 위한 전초기지뿐

그러나, 때에도
알라만의 원칙주의 텔레반처럼 페르시아
페르샤 왕에게 나아갔던 처자妻子 에스더
이방의 땅에서 유랑 유대 책사 모르드개는
죽으면 죽으리라, 하만의 칼날 부메랑 되받아
하만의 가슴에 박아 민족을 죽음 사슬에서 풀어
디아스포라 유대인들 부림절의 주인공이 되었다

성지순례의 마지막 날이었다
키부츠 농장 체험의 하루 뒷날 아침이었다
혼자 갈릴리 호수 걷다가 돌아오던 길
키부츠 후원의 고운 잔디 위 3단 화분대
하얀 3단의 화분대 위 화분에 물을 내리고
물은 2단 거쳐 1단 화분과 잔디로 스미는
키부츠에 살며 정원을 관리하고 있다는
내 나이쯤 노인장老人丈을 만났다

샬롬, 목례의 나에게
머뭇거리다가 웃는 얼굴
서툰 우리말로 말을 건네 왔다
단정 흰 수염의 노인장은
서울과 제주도 판문점도 들른 일이 있었다는
지금도 분쟁 속 팔레스티나 땅 위의 이스라엘
약속의 땅은 90% 산과 사막, 그 약속 푸르게 가꾼
또래 거친 손바닥 노인과 악수를 청하다가, 나는
바샤 옛 시대 책사 모르드개의 모습이 떠올라서
분단국 기독교 시인 내 모습이 너무 부끄러웠다

⟨Naratage*⟩
여객선이 3·8 이북까지 끝 섬 백령도
백령도에 접근하고 있다는,
그러나 방수조끼는 서둘러 벗지 말라는,
저 안개가 가리고 있는 곳이 열다섯의 심청
효녀 심청이 하얀 속치마 속을 뒤집어 쓰고
몸을 던진 곳으로 추정된다는, 선상 마이크
여섯 과장 판소리 효녀 심청 가락이 탄생한 곳

인당수는 지금도 회리바람과 물결 뜀이 쉼 없다는
그래서 남북의 냉온, 북은 백령도의 기습 침투
훈련 최적지로 인당수의 거친 물결 활용하고 있다는

백령도가 눈 앞 갑판 위에서, 괜찮으시다면
나에게 두 손으로 명함을 내게 건네고
내 명함 또한 두 손으로 받은 또래의 장로님
출판사 일을 하고 있다는, 내 함자 익히 알고 있다는
명함 속 장로님은 육전 설화소설 심청전과
야훼 이름 한 번도 언급이 없는 설화 형식 에스더
부림절의 두 주인공 에스더와 모르드개의 에스더書
66권 정경에 넣는 일을 무척 신학자들은 망설였다는,
혈육 아버지의 눈 뜬 만남을 위해 연꽃 환생으로
설화 심청전과 부림절 에스더의 민담체 이야기를
나에게 꺼내 놓았고, 나는
좋은 시는 두 이미지가
서울에서 3.8 이북의 백령도처럼 멀고 위태하면서
지금 손에 잡힐 듯 눈 앞의 백령도처럼
그래야 좋은 시라는, 프랑스의 시인

피에르 로베르디의 말을 인용 답을 드렸다

죽이려는 술책에 엮김이 아닌, 죽으면 죽으리라
하만의 유태민족 몰살 흉계를 되받아친 에스더
민족 위한 에스더의 선택과 아버지의 눈 뜸을 위해
인당수 환생 심청전의 비유를 나에게 말을 하였을까
기독교 서적만에서 문화 일반으로 넓히고 있다는,
방수조끼를 벗으며 출판사에 한 번 놀러 오시라는,

2021년 서해에서 북의 천안함 폭침
동족상잔의 날이 치욕일이 아닌, 기념 날일까?
검은 리본 마음과 가슴이었을까, 좌익정권의 추념식
주름이마 소복의 어머니가 죽으면 죽으리라,
대통령에게 천안함天安艦의 폭침이 누구의 짓거리냐는,
KBS TV화면은 누구의 짓이었느냐는,
소복 어머니만의 어머니의 용기를 보다가
먹먹한 가슴 나 또한 화면 속 어머니처럼
그래야만 할 것 같아서
젖은 눈을 찍어내고 백령도 순례 때 일기를 찾았고

디아스포라 유대민족의 몰살을 면하게 했던
정경正經에 넣을 것인가 말 것인가 망설였다는
유대인들의 제축 부림절 에스더와 모르드개의
에스더서를 세 번째 펼쳐 읽어 나갔다

우리는 한 민족이라면서
폭침 천안함, 백령도
분단 나라 위한 감리교 서울연회 순례 기도회
승무원 103명 중, 해군 사망 40명, 그리고
이적까지 실종이 6명이라는,
감리교 서울연회 장로님들과 그 날과 그 때의 백령도
전몰 용사 하얀 위령탑과 흔들림 없는 얼굴 청동 브론즈
해군 특유 모자와 세라 복식에 짠한 바람이 지나갔던
백령도 전몰용사 그 때와 그 날 상처를 어루만졌다

백령도 전몰용사 추념식이었다
찬송가 음계가 안개 바다 그 날과
그 때의 무심 물결들처럼 퍼지고
전몰용사들 하늘에서나마 안식을 위하여

김 석 133

안내 해병 목사님 말씀과 묵념 그리고
통성기도가 끝나자, 자유 대한민국의 수도
수도 서울 교회의 장로 직함의 교회 어른들
몇 분 장로들은 안개바다 바라보며 눈시울을,
브론즈 복식 장병들 아쉬워 만지고 뒤돌아 만지면서
나도 해군 복무였다며, 몇 장로들은 더운 눈물 전우애를,

이명耳鳴이었을까,
인증샷이 잘 박히었느냐는?
장로의 직함이라면서 얼굴 가득 웃음의,
그들의 말씀과 말의 법에 따라
헤쳐 모여 고개를 숙이고
고개를 세워 서성거림을 보았다
동족 상잔 전몰용사들 유령탑 앞에서까지
축軸과 편便으로 작은 가슴 분단 내 조국
나는 일기장 속 백령도 순례일기를 덮었다

⟨Dissolve*⟩
금강산 길이 열리고 남쪽 유람객들 모둠 터 온정각

온정각의 ○○○님 공덕 돌에 새긴 남쪽의 저널리스트,
즐겨 한복의 그분의 세 치 혓바닥은 천안함 폭침은
한 민족 북한의 소행 아닌 것이 확실함이라는,
민족 소행 아님을 %까지 확률로 계산해 보았다는,
북한 민족 정권의 소행이었음을 당신이 봤느냐는,

태풍 매미가 동해 남부를 휩쓸었다는 뒤 뒷날, 나는
금강산의 온정각 저널리스트 공덕비 글을 보았다
천안함 폭침을 두고, 그의 %까지 들며 거부했던
파장 뒤 주막을 나서듯 취한 술 비틀 그의 글씨체
화강석 돌멩이었던가, 비에 취한 쓸쓸한 글씨체가
왜 그는 그의 사무실 창문 밀쳐 자살해야만 했을까의
태풍 매미가 지나간 온정각의 비 속에 홀로 서 있었다
혼자 서 있는 비 속의 비문이 눈물 흘림을 나는 보았다

혹여 극렬 남북 한 편만의 일방적인 승리
백두혈통의 혈기 북쪽의 젊은 지도자가
가족과 친족 관계에서 ○○父로 호칭되는
북한 책사를 자동화기로 폭파시키었듯이

때엔 하만이 세우고 스스로 달렸던 장대에
나 또한 그렇게 그처럼 되리라 생각보다는
연두 돼지새끼들 소풍 날처럼 내 손가락으로 헤며
그런 폭파는 나 아닌, 누구와 누구부터이겠지라는

유대 처자妻子 에스더의 에스더서 읽었다
야훼의 말씀 한 번도 나오지 않는 에스더서
곁에 놓인 서너 에스더 주해 밀쳐 놓고, 나는
별이 없는 별밤 창가에 앉아 혼자 읽었다, 나는
그녀 또한 청이처럼 어렸을 때는 트라우마 소녀였다는,
기독신자 전영미의 청이와 상련相憐으로 화집을, 그리고
주해서들 곁 공동번역 에스더書를 다독여 넘기면서 읽
었다

에스더 2:7
그의 삼촌의 딸 하닷사 곧 에스더는 부모가 없었으나 용모가 곱고 아리따운
처녀라 그의 부모가 죽은 후에 모르드개가 자기 딸 같이 양육하더라

* 나레타이즈(Naratage) : 나레이션과 몽타아즈를 합친 말. 설명체의 대사와 더불어 그 화면이 나타나게 하는 기법이다. 주로 과거의 회상 장면에 사용된다.
* 디졸브(Dissolve) : 오버랩과 비슷한 뜻으로 한 화면이 사라짐을 말하는데 나는 이번 시들의 1편부터 구성 기법으로 활용했다.

시작 노트

중국 우한으로부터 코로나19 역병이 대구에 상륙했다던 한 날 TV를 통해 주먹치기 악수를 보았는데 고인이 된 ○○○시장의 모습이었다. 요한계시록에서 아마겟돈 전쟁의 징조로 보이는 공간으로 이슬람 원리주의자 텔레반이 아프카니스탄을 접수, 계시록 예견豫見처럼 텔레반은 자살특공대를 중국 국경에 배치했다는 유튜브의 뉴스다. 두 번 예방접종이 끝나고 아내와 나는 서울 대형교회가 운영하는 가평의 추모관을 찾았다. 추모관 2층 브니엘 〈하나님의 얼굴〉이라 명한 방에 육신이 불을 건넌 뒤 남은 뼛가루를 청동브론즈에 담는다는, 계약을 마치고 집에 돌아왔다.

나는 에스라에서 에스더, 욥기를 거듭 읽으며 충효를 다룬 一而二 二而一 대학과 소학을 생각했다. 두 책 속의 충성 忠(中+心)은 나와 나라가 중심을 잡는다는 말이요, 효도 孝(土+ノ+子)는 늙은 부모가 의지하는 지팡이 대신 자식이 지팡이 〈별〈ノ〉의 자리에 선다는 뜻이다. 忠孝의 두 자가 國과 家의 핵심이요, 사람됨과 다움으로 밑힘이다. 國家가 바로 서려면 내(我)가 나가야 나라(國)가 된다고 했다. 바꾸어 말하면 내 땀의 결과인 내(㊀)가 나야(出) 밥이 된다는 함의로의 역설이다. 5번째 시 「에스더와 인당수」는 대위법에 의한 시네 포엠을 시도해 보았다.

지금 우리의 남과 북, 동서는 어떠한가, 5년 전만 해도 우리 가

김 석

정은 선거에 임할 때면 각자 의견을 개진, 국가를 위해 기도를 하고 한 마음으로 투표를 했다. 政正也라 했는데 촛불시위 비뚤 7년 뒤 지금은 자식과 부모 사이 정치를 말하는 것은 가정에 분란만을 조성해서 피해야 한다. 아마겟돈 전쟁 징후微候가 내 가정에서부터라 참 괴롭고 쓸쓸하다.

김신영

약력

분당 할렐루야교회 집사. 충주 출생. 중앙대 국문과 졸업. 가천대 독서코칭 책임교수. 1994년 계간 『동서문학』 신인상 등단. 시집 『화려한 망사 버섯의 정원』(문학과지성사, 1996), 『마술 상점』(시인수첩, 2021) 외, 시창작론집 『아직도 시를 배우지 못하였느냐?』(행복에너지, 2020), 경기문화재단 우수 작가, 한국연구재단 지원 작가 등.

어여쁜 어머니, 불 고양이를 키우고

시가 기억의 왜곡으로 집적을 지날 때
길어진 응시로 무척이나 덜컹거릴 때
비 냄새보다 진한 용서를 하며 잉걸불이 될 때

세시를 가리키면서 정처 없이 연탄을 지나고
비에 섞여 있는 먼지는 모조리 기억이 되는
뭐, 그런 불망나니의 날이 있습니다

가령, 내가 숨긴 묘약이란
날마다 비겁한 계산을 하고 뒤로 물러나서
피비린내를 피해 도망가 버리는 오후이지요
집으로 가기 위해 잠깐 더러운 손을 씻고
피 말린 손의 냄새, 이 비의 같은 것
이 비의가 삶을 무너뜨리지 않게 하소서

몸에 향수를 덧뿌리면서
스스로를 숨기고 혼란을 더하면서
현관문을 여는 것이지요
냄새가 집에서 자신을 찾지 못하게

아무튼 저녁,
고소하게 쿠키 냄새나는 오븐 앞에서
밀가루 묻힌 어머니와 오래 이야기하고
왜곡을 지나는 기억의 뿌리를 다듬어
불타는 아궁이를 지나와 거기 머물렀지요

그리하면 피의 냄새 사라지고

가슴 속에서는 더운 김 오르는
부풀어 오른 밀가루 반죽
어머니 냄새가 났지요

역대하 7:14~15
내 백성이 그들의 악한 길에서 떠나 스스로 낮추고 기도하여 내 얼굴을 찾으면 내가 하늘에서 듣고 그들의 죄를 사하고 그들의 땅을 고칠지라 이제 이 곳에서 하는 기도에 내가 눈을 들고 귀를 기울이리니

젖먹이 전설

몸의 저항을 이겨낸 문장이 앞다퉈
강같이 흘러 골목에 도착한다
이 헤진 동네를 지날 때마다 구십구 개의 문은
맑은 젖과 꿀로 흐르는 것이다

역병이 도는 도시는 적막하고
더는 젖을 먹을 수 없다지만
이 골목에서는 흰수염 고래를 기다리면서
서로 웃음을 한바구니 삼킨다지

길목 차단해도 스스로 매개 되어
전염병을 옮기는 참혹한 도시에서
쉰밥을 먹는 날이 늘고
빨리 가지 않아도 되는데
기차는 전속력으로 달리고
강물마저 재우치며 달린다지

어느 날 빗속에서 불꽃을 피우던 가수는
노래를 부르다가 불을 삼키고 꽃을 피운다는데

학교는 문을 닫아걸고 강의실 문은 잠겨 있고
학생들이 문밖에서 종일 기다린다는데

눈물이 마르면 빗물이 흐르고
빗물이 마르면 눈물이 흐르고

몇 번의 봄이 지나 봄을 잊을 때에
서로 열린 문이 되어 손을 마주 잡는 섬마을
그곳에서는 어디로 가는지
모두 흰수염 고래의 젖을 먹으러 간다지
고래가 오는 강가에서 새처럼 손을 흔들면서

도시에서 젖이 멸종하였다는 진언이 들려
그때에 사람들은 걱정을 한 바구니 삼키고
구십구 개의 문이 되어 함께 걸어갔다지

욥기 42:10
여호와께서 욥의 곤경을 돌이키시고 여호와께서 욥에게 이전 모든 소유보다 갑절이나 주신지라

환등하는 저녁

당신이 항상 거기 있다는 것
하루도 빠짐없이 거기에 있다는 것
서로를 환등하는 시간
우리 연대는 생각보다 강하고

새들도 꽃을 즐거워한다는 일
꽃가지 사이로 날며 얼굴을 부비고
날개를 꽃잎으로 씻으면서
꽃이 비처럼 내리는 소리
숲속에 비가 내리는 소리

냇가에 내리는 꽃잎은 우주를 떠도는 유영
무릉을 불러들이면서 배추흰나비를 홀리고
냇물의 꽃장식은 여울지던 자리야

꽃잎은 떨어져 봄 길을 만들고
뻐꾸기는 소리로 봄을 만드는데
나는 무엇으로 봄을 만드나

꽃들의 결혼, 나비가 오지 않는 저녁에도
꽃은 이토록 세상을 아름답게 만드는 욕망을 갖는데
나는 무슨 욕망으로 인생을 아름답게 만들까?

욥 42:12
여호와께서 욥의 말년에 욥에게 처음보다 더 복을 주시니……

비상하지 않는 비상은 없다

코발트 빛 하늘이
으리으리하게
우주에 그득하다

하늘이 쪽빛인 건
시를 보면 알 수 있지
시란 온통 하늘빛을 묘사하는데
허다한 시간을 바치지 않는가

구름은 비상하지 않은 적이 없지
놀이 지면 또 얼마나 휘황한지
얼마나 으리으리한 궁전을 짓는지
거인이 나타나 마법 주전자를 나르고
양탄자를 타고 하늘을 나는

구름이 없다면 하늘은 아무것도 아니지
흰 구름 사이를 다니는 낭만은
구름이 뭉게뭉게 피어오를수록 대단해
뭉게구름이 적당히 하늘에 피어나면

우주적인 오로라, 노을이 수를 놓으니
그러니 비상하지 않는 인생이 있겠는가

인생 빛은 어찌 그리 다난한지
색색이 찬란함과 뉘앙스와 샐러드 같은
상큼한 날이 하루라도 펼쳐지지 않는 적이 있는가

일류 요리장을 모셔놓고 겹겹의 빵을 굽는
세상에서 제일 부드러운 아보카도를 먹는 셈이지

역대상 14:14~15
······ 하나님께 묻자온대 하나님이 이르시되 마주 올라가지 말고 그들 뒤로 돌아 뽕나무 수풀 맞은편에서 그들을 기습하되 뽕나무 꼭대기에서 걸음 걷는 소리가 들리거든 곧 나가서 싸우라 너보다 하나님이 앞서 나아가서 블레셋 사람들의 군대를 치리라 하신지라

김신영

케루빔*

하루쯤,
하늘도 어둡고 사람도 어두울 때
세상은 거짓을 쌓고 너도 거짓말을 쌓고

좁은 길목에서 빛을 버리고 어둠을 걷지
꿈은 잠든 지 오래, 희망 없는 기도를 하고

다시는 어둠에서 배를 띄우지 않아
심장이 뛰지 않는 불을 잡지도 않아

별이 보이는 하늘을 보면서
포복한 짐승처럼 엎드려

칠십억 뿌리털에 꼬리를 달고
천지가 생겨날 적에 주조된 불칼을 꺼내
광선을 쏘아 골목을 지키고 있어

이틀쯤,
하찮은 신이 되어 떠도는

착각으로 이루어진 세상에

사막을 걷는 선인장 가시는
날카로운 당신보다 부드럽고

모조리 타 버리기 위해
사막을 걷는 염소는
어머니를 잃은 거친 짐승

불과 얼음이 어울려 극단을 춤추는
자신과 사자와 소와 독수리의 얼굴**로
에덴의 길목을 서성거리고

역대상 28:9
네가 만일 그를 찾으면 만날 것이요

* 케루빔(Cherubim) : 지식과 검의 천사.
** 케루빔의 얼굴

시작 노트

　어머니를 잃은 거친 짐승이 되었다. 근원을 잃고 근원지를 찾아 떠돈다. 하여, 근원을 회복하기에 힘쓰기로 다짐한다. 중요한 것을 잃고 떠도는 세대에게 중요한 것을 알려 주는 수금이 되려 한다. 갈 길이 험하고 멀지도 모르겠다. 시대가 급변하고 있으니, 보다 쉽게 갈 수 있게 되기를 기대한다.

김지원

약력

서울중앙교회 목사. 『현대시학』으로 등단. 창조문예문학상, 기독교문화예술대상, 한국크리스천문학상 등 수상. 시집 『다시 시작하는 나라』 등 9권, 수필집 『빗줄기의 리듬』.

스가냐의 독백

정의는 잔인한 칼
때로는 사랑을 단 칼에 내리칠 때가 있다

차라리 불의는 따뜻하구나
도도히 흐르는 물결 속에
소외된 목소리는 늘 파묻히는 법
침묵의 응답인가
성중에는
아직 분별없는 짐승들도 많은데

광야 40주야를 걸어
호렙산을 찾은들 무엇 하리
바람이 산을 가른들 무엇 하리
지진이 나고 불이 터져 나올 때도
들려오는 것은 알 수 없는 전언뿐

하갈과 이스마엘을 내쫓으라
라합도, 룻도 내어 쫓으라
스가냐와 그 소생들도

70년 된 뿌리를 뽑으라

중다한 잡족을 이루시어
젖과 꿀이 흐르는 땅을 보여주신다더니
백성들은 여전히 방향을 찾지 못한 채
잠시 길을 잃었습니다

슬프게도
기상천외한 발상이거나
비약이거나
계시가 없으니 우둔한 백성에게
말씀은
풀리지 않은 난제로 남습니다

에스라 10:3
…… 모든 아내와 그들의 소생을 다 내보내기로 우리 하나님과 언약을 세우고 율법대로 행할 것이라

느헤미야의 편지

사랑하는 아들아
낙심치 말라
때로는 즉각적이지 않을지라도
기다리면
지체될지라도 이루리라

너희 대적은
외부에서 온 것이 아니라
네 안에 있는 것
핍박을 두려워 말고
오히려 안일을 두려워하라

어디에나 있는
산발랏과 도비야를 경계하라
환란이 와도 의아하게 생각지 말라
이는 빛으로 인해 어두움이 드러날까 함이니
마지막 날 나타날 네 믿음의 증거니라

악한 일은 충동으로 오고
선한 일은 감동으로 오는 법

거룩한 무리와 하나 되어
성벽을 쌓으라
그들이 네 성벽이 되리라
네가 감동을 받으면
그들도 감동을 받으리라

부디 세속에 물들지 말라
이것을 네 마음 판에 새기고, 새기고
또 새기라
이것이 옳으니라

느헤미야 4:1
산발랏이 우리가 성을 건축한다 함을 듣고 크게 분노하여 유다 사람들을 비웃으며

김지원

금의환향 錦衣還鄕

옷은 날개다
지상에서 천상으로 나는 새들에게는
옷이 날개다

금의환향!

삶이란
굵은 베옷을 벗고
세마포 옷으로 갈아입는 일
역사는 항상
옷으로 시작하여
옷으로 끝낸다

때론, 비단옷을 입고
밤길 가는 것 같지만
슬퍼 말라

세마포 옷은
구름 속에서 만나는 황홀

밤을 잊는 천사들이 씨줄과 날줄로
한 올 한 올 길쌈하던
하늘나라의 피륙

비록 대궐문에 들어가지 못하고
재에 누운 자 많을지라도
슬픈 날에는 기뻐하고
곤고한 날에는 생각하라

굵은 베옷은 세마포 옷의 어머니
지상에서 천상으로 향하는
새들의 날개인 것을

인류의 역사는 옷의 역사다

에스더 4:4
…… 의복을 모르드개에게 보내어 그 굵은 베 옷을 벗기고자 하나 모르드개가 받지 아니하는지라

김지원

이름 없는 이름

그는 이름이 없다
오직 하는 일만 나타날 뿐

손도 발도 자취도 보이지 않고
까마득한 전설로만 남는다
지상에는 도금양桃金孃 꽃이 피고
천상에는 광명한 새벽별
깨어 있는 자는
별의 언어를 들었고
연약한 자들은 꽃의 은택을 입었지

누가 그를 보았는가
소문만 무성한
신출귀몰
항상 묘연한 자취다

어찌 보면
햇빛 같고, 이슬 같고,
자고 나면 진 사면에 내리는 만나 같은

무엇인가

어디에서나 볼 수 있고

아무 곳에도 없는 것들은

에스더 9:26
무리가 부르의 이름을 따라 이 두 날을 부림이라 하고……

욥 평전評傳

불행의 시작은
늘 은밀하다
시간도 눈치채지 못한 창백한 그림자를
드리우고
마귀는 항상 편견과 세뇌의 종자從者
먼저 학습된 것들은 배반의 깃발을 들고
분별없이 흔들어댄다

가르침을 받아야 할 사람들이
가르치는 자리에 서고
회개해야 할 사람들이
회개를 외치며
낮아져야 할 사람들이
높아져 있는 것 자체가 고통이 된 시간

중상과 모략은
영혼을 파괴하는 살상무기
물을 수도 없고
물어도 대답 없는

장엄한 침묵이 두려울 뿐

우월감에 도취된 자들이
제 세상을 만난 듯 내는 소음은
소리도 없고 곡조도 없으니
차라리 인내는 삶의 의미고
고난은 자유를 위한 은총이었을까
아니면
고통을 더하는 것은 은혜를 더하는 것인가

결국, 죽음도 희망이 될 수 있다고 생각했다
만일 육체 밖에서 하나님을 뵐 수 있다면

욥기 19:26
내 가죽이 벗김을 당한 뒤에도 내가 육체 밖에서 하나님을 보리라

시작 노트

피나투보 화산을 갈 때였다.

원주민 부족 중 하나인 아에타 족을 선교하러 가는 길이었다.

우리가 탄 산악용의 트레킹 차가 산으로 가는 초입에 있는 검문소에 다다랐다. 총을 멘 젊은 군인들이 올라타더니 기다리라고 하였다. 필리핀 공군의 사격 연습이 있다고 하였다. 한 시간쯤 기다리고 있었더니 드디어 사격연습이 끝났다며 몇 가지 검문 절차를 끝내고 출발하라 하였다. 차가 다시 달리기 시작했다. 그런데 어디만큼 달렸을까 갑자기 앞서가던 길이 사라지고 벌판이 나타났다. 황당했다. 차는 시커먼 화산재와 물이 함께 뒤섞여 흐르는 어딘지도 모르는 아득한 곳을 향하여 달리기 시작했다. 길 위에서 갑자기 길을 잃어버린 것이다. 어딘지도 모르는 곳을 향하여 가는 불안함! 일순간 선교팀 일행은 침묵했다. 침묵으로 불안한 마음들을 표현하고 있었다. 요즈음 나는 그 때처럼 가끔 길 위에서 길을 잃어버리는 자신을 발견하곤 한다.

나금숙

약력

서울교회 집사. 『현대시학』 등단. 2002년 문예진흥기금. 2017년 서울문화재단 기금 수혜. 서울시 공무원 역임. 계간 『시와 문화』, 『시인정신』 편집위원. 시집 『레일라 바래다주기』 외 1권.

식영息影, 모래왕국

벽과 기둥만 남은 집들을
구석마다 모래가 점령한 그 곳에서

최후의 싸움을 하듯
마르지 않는 샘을 사막 귀퉁이에 숨겨 놓고
유령마을은 골짜기로 내려갔다 오곤 한다

여기 오면 뭘 꼭 떨어뜨리지
다시는 찾을 수 없는 모래 속에다 말야
신기루 속 반려나무의 뿌리가 드러나도록
메마른 바람이 불어
형상들 안에 스며드는 비의 모래들
모든 경계가 흐릿하다
모래가 백성이 되는 곳에서
영토는 수시로 바뀐다
헝클어진 미립자를 먹고 사는 왕의 가을은
그래서 황량하고 덧없고 쓸쓸하다

밤새 능욕을 당하고

새벽녘에 문지방에 엎드려 죽은
레위인의 첩
그 입 속엔 모래가 가득했다

모래조각가는 들끓는 찰나에
키스한다
깔깔한 모래입술이 연한 꽃잎이 되는 것이라니!

모래왕국에서
그림자가 싫어 도망치던 일생이
그늘에 들어서야 쉬는 걸 안다
그늘은 어디에?

에스라 3:13
백성이 크게 외치는 소리가 멀리 들리므로 즐거이 부르는 소리와 통곡하는
소리를 백성들이 분간하지 못하였더라

외로운 흙

외로운 흙 한 덩이가 있었어
작은 숨구멍에 보스스 솜털을 피우고 있었지
시계꽃
사금파리
종소리
새벽시장이 왔다 지나가고
바닥없는 연못
연못바닥을 닦던 구름걸레도 지나갔지

흙의 눈동자는
흙 속에서 풍선을 불다가
손사래를 친다
사랑하면서 미워하는 흙
리코더 소나타 리듬에
흙의 깜박임이 눈썹을 밀어올린다
집착
미씽
연락 안 됨

외로운 흙 한덩이는 키를 늘릴 수가 없다

손을 뻗칠 수도 없다
문이 없어

열었다 닫을 수 없는 그는
왔다가 가는 것들의
목록을 지울 뿐이다
세찬 비가 와서
흔적도 없다
소멸하는 추억들
기억들은 구름처럼 다시 뭉칠 수 있을까
이런 아침잠
이런 해체는 자유여서
해파리 같은 흙 한 덩이의 기억은 외롭지 않다
대칭 재생 반복 재생
살아날 때마다
팡팡 파티하고 싶다
이 풍경 속에 우리 모두 키맨이 되었다고

에스더 8:4
왕이 에스더를 향하여 금 규를 내미는지라 에스더가 일어나 왕 앞에 서서

해안보호

용서의 기술을 제대로 배우지 못한 해안은
자주 비가 내렸다
그렇다고 복수의 기술은 더더구나 배우지 못해
그냥 빨간 떡볶이를 먹고
빨간 신을 신고 멋없이 뛰어다니다 온다
맑은 솥 안에 쌀을 안쳐보기도 하지만
같이 먹을 식구는 없다
없는데도 장작불을 들이민다
천년 하던 짓이다
밥을 먹어 줄 누군가의 입 누군가의 목구멍
유연한 식도가 필요한 해안은 오늘도
긴 해안선에 붉게 불을 피우고 있다

수평선에 안개가 가득할 때
아장아장 걸어오는 아기들
앗
이 아이 생일이었나!
수없이 낳았던 아이들
이름도 얼굴도 안개

안개를 보면 문득 아기들이 떠오른다
내가 버린 아이들이 물결에 쓸려가다 먼 바닷가에 멈췄다지
소금이 엉겨 소금인형이 되었다지
바다의 소금이 내가 버린 슬픔들이라니
녹슨 가위로 혼자 억지로 탯줄을 잘라내던
배꼽 언저리를 만져본다
이제 혼자 그럴 일은 없다고
썩지 않는 해안은
콘크리트보다 강인한
병원선을 기다린다 유령같이 그가 올 것이다

욥기 42:5~6
내가 주께 대하여 귀로 듣기만 하였사오나 이제는 눈으로 주를 뵈옵나이다
그러므로 내가 스스로 거두어들이고 티끌과 재 가운데에서 회개하나이다

Swan Song

순간이 쌓여서
순간의 순간이 되면
스완의 노래가 어디선가 흘러나온다
애쉴리 어디 있어?
그림자놀이를 하던 아이가
내 그림자를 밟고 노는 걸 분명 봤는데!
백야드 풀숲에서 울새 두 마리가
서로의 부리를 삐익삑 다듬고 있을 때
포르르 날아가는
저 새는 누구의 그림자?
죽으면 죽으리라는 숨소리
택배 물건 현관 앞에 두고
숨가쁘게 돌아서는 동생의 숨소리
우아가 한참 지난 빛바랜 목련꽃잎이
힘없이 떨어지는
순간과 순간 사이로

빛보다 빠른
비탄과 격정이 지나간다

마을 안 지붕 아래

각양 허구적 독립이 가까스로 각을 잡아갈 때

최초로 지하에 길을 내는 사람

공중에 길을 내는 사람

광대가를 무대에서 마지막 부르는 사람

고층빌딩에 매달려 유리 닦는 내 애인의

순간은 생생하고 탱탱하다

에스더 4:16
당신은 가서 수산에 있는 유다인을 다 모으고 나를 위하여 금식하되 밤낮 삼 일을 먹지도 말고 마시지도 마소서 나도 나의 시녀와 더불어 이렇게 금식한 후에 규례를 어기고 왕에게 나아가리니 죽으면 죽으리이다 하니라

나금숙

심경深耕과 관개管漑

오늘은 비죽이 열린 뒷문으로
아기가 찾아왔어요
엉덩이가 구름처럼 통통해서
뒤뚱거리는 라마가요
서슴없이 강아지집을 찾아들어가 같이 뒹구는 거예요

선을 넘으면 독이 되는
용량초과 극약들이 멀쩡한 얼굴로
거리를 돌아다니다가
피부에 뇌 속에 나노로 들어온다
사랑과 도덕 존경이라는 성분으로
카본나노튜브처럼 소리없이 들어와
뾰족하고 강하게 세포를 공략한다

(시편 102편 고통당하는 사람이 지칠 대로 지쳐 여호와 앞에 하소연하는 기도

오, 여호와님! 제 기도를 들으시며

제 부르짖음이 주님께 이르게 해 주십시오
제 신음 소리 탓에
제 뼈와 살이 달라붙었습니다
저는 광야의 펠리컨 같고
황폐한 곳의 부엉이같이 되었습니다
깨어 밤을 지새우니
지붕 위의 외로운 참새 같습니다)
가자고
네 굽을 치는 말 등에 앉아
휘둘러 멈추게 할 채찍도 없는 것처럼
망연자실
더 울 수가 없을 때까지 울어보았다

(이제 제가 말씀드리겠으니 들어보십시오
제가 주님께 여쭙겠으니 제게 알려 주십시오
제가 주님에 대해 귀로만 들어왔으나
이제는 제 눈으로 주님을 뵈었습니다
그러기에 제 자신을 혐오하며
티끌과 재 가운데서 회개합니다)

오늘은 살짝 열린 뒷문으로
아기가 찾아왔어요
엉덩이가 구름처럼 통통해서
뒤뚱거리는 라마가요
성큼 강아지 집을 찾아들어가
영원 전부터 알던 아이들처럼
같이 뒹굴고 있어요

욥기 42:4~6
내가 말하겠사오니 주는 들으시고 내가 주께 묻겠사오니 주여 내게 알게 하옵소서 내가 주께 대하여 귀로 듣기만 하였사오나 이제는 눈으로 주를 뵈옵나이다 그러므로 내가 스스로 거두어들이고 티끌과 재 가운데에서 회개하나이다

시작 노트

포로 되어 있던 이들이 하나님의 주권과 크신 긍휼 가운데 고국으로 돌아오는 이야기는 언제 읽어도 감동입니다. 예루살렘 성벽이 허물어졌고 성문들은 불에 타버렸다는 소식을 듣고 크게 울고 슬퍼하며 금식하며 기도한 이야기도, 하던 일을 내려놓고 성벽을 보수하러 간 이야기도, 자기의 민족을 위해 죽으면 죽으리라는 각오를 하고 왕 앞에 나아간 이야기도 언제 읽어도 은혜입니다. 감당할 수 없는 환난과 시련을 하나님을 주목함으로 자신의 철저한 죄악됨을 깨닫는 가운데 이겨낸 이야기는 더욱 큰 빛입니다. 나의 모든 글쓰기가 성경의 사실들과 말씀 앞에서 늘 부끄럽지만, 저는 발을 상 아래 감추고 왕궁의 진미를 누리는 므비보셋처럼 기쁘고 겸허하게 당신을 누리고자 합니다. 글쓰기뿐 아니라 크고 작은 일상에서도 그리하길 원합니다.

나에게 입 맞춰 주십시오. 나를 이끌어 주십시오.

당신을 따라 달려가겠습니다.

나금숙

시평

실낙원에서 복락원까지

김지원

1. 들어가는 말

　성경은 에덴동산을 잃어버린 것과 잃어버린 에덴동산을 다시 회복하는 과정의 기록이다. 즉, 실낙원에서 복락원으로 가는 여정이라고나 해야 할까.
　이런 이유로 성경에는 두 사람의 아담이 등장하는데 창세기에 등장하는 첫 번째 아담과 신약에 등장하는 두 번째 아담이니 곧 그리스도다.
　다시 말하면 첫 번째 아담이 잃어버린 것을 두 번째 아담이 되찾는 내용인 것이다.
　따라서 기독교 문학이란 이러한 과정에서 비롯된 것이라 늘 생각해 왔다. 물론 형식이나 모양은 다를지라도 본질은 같고 진술의 방식은 다를지라도 의미는 같다고 보는데 이런 측면에서 기독교 문학이란 이 범주 안에 있으며 전형도

역시 동일하다고 보는 것이다.

그렇다면 기독교 문학이란 무엇인가. 더 나아가 기독교 문학의 방향은 무엇인가.

금번 12시인이 선택한 〈에스더〉서를 보면 1장부터 10장까지 "하나님"이란 단어는 단 한 번도 등장하지 않는다. 단지 포로로 잡혀 온 히브리인들이 당한 환란과 그 환란에서 어떻게 구원받는가만 기록되어 있을 뿐이다. 즉 사건 중심이란 뜻이다. 그러나 평범할 수밖에 없는 이 이야기 가운데 독자들은 하나님의 사랑이 무엇이며 그가 어떻게 역사하셨는가를 깨닫게 되는데 이것이 곧 기독교 문학의 전형으로 보는 것이다. 섭리를 말하지 않지만 섭리를 느끼게 되고, 사랑을 말하지 않았지만 사랑을 느끼게 되는 것을 말한다. 물론 시에 국한된 이야기만은 아니다. 시나, 소설이나 다른 여타 문학의 장르라도 동일하다고 본다.

1999년 7월쯤이었으니까 12시인이 모인 지도 꽤 오랜 시간들이 흘렀다. 2009년 잠시 산회되었다가 2016년 다시 모였고 그로부터 또 5년이 지났으니 강산이 두 번 변한 셈이다. 그 동안 회원들도 변동이 있었으니 다 세월 탓이다. 쓸 때마다 막막함과 희망이 교차한다. 끝은 있지만 끝을 쉽게 보여주지 않는 일이 분명한데 빌립보서 1장 6절에 기록한 대로 "우리 가운데 착한 일을 시작하신 이가 그리스도 예수의 날까지 이루시리라 확신"한다.

2. 열두 시인의 시

1. 이때를 위함이라 - 남금희

세상 어딜 가도 고향만 한 곳은 없어
나라 잃은 백성은 어처구니가 없다
여기는 포로된 땅
사무치는 일 외에는 몸 굽히지 않는 사내
있었으니 직업은 성 문지기, 골똘한
그에겐 은밀한 보람도 있었다
딸 같은 사촌 동생이 그 나라 왕비로 발탁된 것
……(중략)……
사흘 밤낮을 불침번들은 곡기를 끊었겠지
샛별이 뜨기까지 애간장 녹아내리고
살얼음판 위로 조근조근
목숨의 길은 열리게 되었다

그러니까 별은
지금도 신호를 보낸다는 것
사막이나 골짜기나
길은 별이 안내한다는 얘기다

에스더의 히브리 본명은 "도금양 나무"라는 뜻을 가진

"하닷사"이지만 페르시아식으로는 에스더로 "별"이란 뜻을 가지고 있다. 따라서 남금희는 이 별이 단순히 우주 공간에 떠 있는 별이 아니라 히브리 민족을 구원한 바사 하늘에 뜬 별로 신약에 등장하는 베들레헴의 별까지 연상시키고 있다.

그리고 더 나아가 하만의 악한 궤계로 대궐문 밖에서 죽음을 목전에 두고 가슴 조이며 부르짖던 히브리인들이 처한 참담한 현실 가운데서 기다리는 샛별로 환치시키고 있다.

"샛별이 뜨기까지 애간장 녹아내리고 / 살얼음판 위로 조근조근 / 목숨의 길은 열리게 되었다 / 그러니까 별은 / 지금도 신호를 보낸다는 것 / 사막이나 골짜기나 / 길은 별이 안내한다는 얘기다."라고 말하고 있다.

그리고 그 시간이 지나자 그들은 전혀 다른 상황을 만나게 되는 체험을 하게 된다. 즉, 하만과 히브리인들의 뒤바뀐 운명인데 이는 목숨을 걸고 왕에게 나간 에스더와 그를 통해서 구원하신 하나님의 섭리였던 것이다.

남금희는 마지막 결론으로 지금도 사막 같은 막막한 세상이나 사망의 음침한 골짜기를 지날 때 길을 안내하는 것은 별이라 말하고 있다. 그리고 그 별은 지금도 우리들에게 신호를 보내고 있다고 보고 있다. 그렇다면 별이 보내는 신호를 볼 줄 아는 사람은 누구인가. 더 나아가 별의 언어를 들을 줄 아는 사람은 누구인가를 설의說疑법을 통하여 되묻고 있다.

2. 잠시 동안 – 박남희

우리는 모두
잠시와 영원 사이에 놓여 있는 팽이이다

우리가 이 땅에 사는 것은
잠시의 생명줄을 영원의 나이테에 감기 위한 것이라
영원의 나이테를 헤아려 보면
100번 감긴 나이테도 잠시 동안이다

제 몸의 나이테를 휘감고 도는 팽이는
일어설 듯 넘어질 듯
보일 듯 금방 사라질 듯 어지럽다

우리가 사는 지구도 잠시 동안 돌아가는 팽이이다
비틀거리다 언제 속도를 멈출지 모른다

팽이가 잠시를 영원으로 알고 돌아가는 것은
잠시는 눈앞에 있고 영원은 눈 너머에 있기 때문이다
잠시 동안의 팽이들은
눈 너머에 영원의 팽이가 돌고 있다는 것을 모른다

영원의 팽이는 믿음의 눈으로 보아야 보인다

    팽이의 중심에는
    세상의 모든 어지러운 길들을 한데 모으는 힘
    예수님, 사랑의 밧줄이 있다

    이 땅의 모든 팽이는 잠시 동안 돌지만
    예수님이 밧줄에 감겨 돌아가는 사랑의 팽이는
    영원히 멈출 줄을 모른다

  박남희는 카이로스의 시간표에 천착하고 있다.
「잠시 동안」에서는 언젠가 팽이처럼 돌다가 멈출지도 모르는 지구와 그 중심축이 되시는 그리스도에 대해서 그리고 「영원부터 영원까지」에서는 측량할 수 없는 장구한 시간 가운데 티끌로 존재하는 유한한 인간에 이르기까지 하나님은 영원의 문을 열고 기다리신다고 말하고 있다. 그리고 자신도 이미 예정된 그 길을 따라가며 살고 있지만 하나님의 자녀라고 하면서도 지금까지 세상의 보편적 가치에 더 치우쳐 살아가고 있지나 않았는지 자신을 성찰하는 진정성 있는 신앙고백을 담고 있다.
  그리고 영원에 이르는 길목 요소요소에 마치 볼록렌즈 거울처럼 모든 것들을 환히 비추어 만물이 벌거벗은 것처럼 적나라하게 드러나는 것은 아닌지 자신을 돌아보고 있다. 그러나 비록 하찮은 존재일지라도 묵묵히 그 길을 따라가다 보면, 그리고 주님 옷자락만 만지는 믿음만 있다면 겨자씨 같은 생명을 불어넣어 주시리라고 한 것이다. 그의 시간표는 「잠시 동안」이나 「영원부터 영원까지」나 카이로스의 시간표대로 역사를 주관하시는 하나님에 대하여 말하고 있는 셈이다.

3. 성벽 – 손진은

사월 아침, 산성탕 앞 골목이다
방금 목욕을 마친
일가족이 걸어 나온다
검붉은 얼굴의 아비와 까까머리 아들
뽀글파마 어미와 단발의 딸이
이야기를 뿌리며 간다

"그놈들이 가마이 있는데 뒤에서 쥐-박잖아"
항전했던 일들 자랑스럽게 떠벌리는 까까머리
"그 문제 아는데 틀레뿄다 고거만 아이모 다 맞았는데"
어제의 패배가 아직도 안타까운 단발머리

씨익 웃던 사내, 앉아 몸을 반으로 접고
가슴까지 쌓인 층계 위에
기다렸다는 듯, 까까머리 올라탄다
이번엔 튼실한 뽀글파마 위에 단발의 딸도

오래된 일층 위에 두 팔 벌려 새 층을 끼얹은,

열린 창으론 가느다란 콧노래도 흘러나오는 저 성채

……(중략)……

무서리 눈보라가 쳐들어와도 끄떡없을 한 채

성벽이 지어졌다

  이번 원고 중에는 '성벽'이란 제목의 원고가 둘이다. 하나는 권택명의 성벽이고 다른 하나는 손진은의 성벽이다. 둘 다 현대라는 시간표는 동일하나 주제 성구가 다르고 접근 방법이 다르다. 권택명의 성벽은 생활 속에서 매일 매일 이루어지고 있는 성벽 공사다. 다시 말하면 매일 자신의 신앙을 새롭게 하고 수축하는 성벽 공사인 반면에 손진은의 성벽은 가정이라는 견고한 울타리의 성채를 말한다. 그래서 그는 노란 민들레가 피어나던 어느 날 골목길 목욕탕에서 나온 일가족을 스케치하고 있다. 동네 불량배로 보이는 아이들과 싸워 용감히 물리쳐버린 아들의 무용담과 시험 문제에서 안타깝게 한 문제를 틀려 아쉬워하는 단발머리 딸의 얘기를 통해서 단란한 가정을 그리고 있다. 그리고 더 나아가 어떤 외부 침입도 막아낼 수 있는 견고한 성채로서의 가정을 예루살렘 성채와 대비시키고 있다.

4. 에스더와 모르드개 - 양왕용

바사에 남아 있던 유다인들
하만이라는 악마를 만나
다 죽게 되었을 때
금식기도한 후
'죽으면 죽으리이다'라는 결의로
아하수에르왕 앞에 나아가
……(중략)……
여호와께서
나라는 빼앗겨도
민족들은 믿음의 지도자들로 인하여
살아남게 하시니라.
우리 민족 일제 강점 36년에도
이 땅에 뿌려진 복음의 열매
풍성하게 자라게 하시고
끝내 해방도 시켜 주신 여호와 하나님.
이스라엘처럼 남북으로 갈라짐도
하나로 회복시켜 주실 이도
오직 여호와 하나님이라.

주지하다시피 이스라엘의 역사는 수난의 역사다.
주변 열강들의 끊임없는 침략과 수탈로 인해 고난을 당한

아픈 역사를 가지고 있다. 따라서 바벨론에 의한 멸망과 포로생활 그리고 바사왕 고레스 원년에 내린 포고령으로 인한 귀국과 성전 건축, 그리고 느헤미야에 의한 예루살렘 성벽 재건운동 등 제 2의 출애굽이라 할 만한 이러한 일들이 하나님의 주권적 섭리에 의하여 이루어진 배경을 가지고 있다.

양왕용은 이 가운데 1차 포로 귀환 이후 예루살렘에 귀환하지 않고 남아 있던 「에스더와 모르드개」의 이야기를 통해서 이스라엘을 구원하신 하나님의 섭리가 이 땅에서도 속히 이루어지기를 바라고 있다.

우리나라는 당시의 이스라엘처럼 남북으로 분단되었고 주변 열강들의 침략으로 고난을 당하였으며 아직도 분단된 지 75년의 세월을 보내고 있으니 유사한 역사적 배경을 가지고 있다. 따라서 바벨론 포로의 귀환처럼 이런 일련의 일들이 하나님의 권능으로 회복되기를 바라는 소원을 바탕에 깔고 있다. 즉 하나님의 주권적인 역사만이 해결할 수 있다는 뜻이다.

5. 향기 – 이지엽

1
밥은 아니지만 밥만큼 배가 부르기도 하는
기둥은 아니지만 기둥만큼 정신을 떠받치기도 하는
문은 아니지만 문만큼 너와 나를 소통하게도 하는

피어오르며 퍼지는, 퍼지면서 넘치는, 넘치면서 울리
는 이것
　　뿌리 없는 몸도 없는
　　아아 전체가 뿌리이면서 전체가 몸인 이것

　　2
　　번제는 기름을 태워드리는 향기로운 제사
　　세상을 떠날 마지막 순간에
　　마리아가 부었던 향유 옥합의 향기…

　　3
　　3일을 먹지도 마시지도 않고 규례를 어기고
　　왕에게 나아가리니 죽으면 죽으리이다
　　죽음을 넘어서 드리는 기도
　　우리 모두는 그분 앞에서 그리스도의 향기이니

　성경에는 향기에 대한 이야기가 많이 나온다. 그런데 좋은 냄새라는 일반적인 의미 외에 제사장이 제사를 드릴 때 제단으로부터 피어오르는 향기, 빌립보서 4장 18절에 제물이 상징하는 향기, 그리고 요한계시록 5장 8절이 말하는 성도들의 기도 등이다. 그 가운데 이지엽이 말하는 에스더의 향기는 신앙의 향기다. 특별히 이지엽은 작가의 말 중에서―몸은 머리에 온전히 복종해야 하지만 / 몸이 없는 몸은 / 지붕이 없는 건물과 같네-라고 말한 것을 보면 그의 창작의 기저는 영혼과 육체를 2분법이나 3분법으로 보지 않고 상호 유기적인 관계나 보완적인 관계 또는 한 개체의 두 가지 측면으로 보는 것에서 출발하고 있다.

그리고 이런 관점에서 에스더서에서의 에스더가 보여준 믿음과 행함이라는 명제도 동일하게 보고 있는 것이다. 즉, 동전의 양면이거나 수레의 좌우 바퀴라는 시각이다. 따라서 "전체가 뿌리이면서 전체가 몸인 것"이라고 한 부분을 주목할 필요가 있다. 그리고 이를 뒷받침하듯 마리아가 드린 나아드 한 옥합과 죽으면 죽으리라는 각오로 자신을 주께 드린 에스더의 믿음을 동일한 시각으로 연결시키고 있다. 그리고 신약성경 구절로는 고린도후서 2장 15절을 제시하고 있다. 이로 미루어 보면 이지엽은 한 부분에 천착하면서도 외연을 확장시키고 있다. 즉 성경을 통전적通典的으로 보고 있는 것이다.

6. 망루에 서서 - 이향아

예루살렘으로 가자, 우리 모여서 눈길부터 맞추자
맑은 산천을 깊이 들이키면서 나는 다시 내게 묻는다
정녕 잃어버렸던 그곳으로 지금 가고 있는가
시간에 늦지 않게 서두르며 떨리는 약속으로 타는 가슴
아팠던 날들의 아팠던 기억들, 시리게 패어 뼈저린 흉터

고개 숙여 부끄러운 마음으로 돌아다본다
여기는 거기서 가까운 곳, 너는 지금 어디쯤 오고 있는가
음습한 그늘에 아직 버섯처럼 웅크리고 있는가
……(중략)……
모이자, 땀이 연잎의 이슬처럼 구르는 이마를 대자
성전을 짓고 망루에 높이 올라 우리 땅 예루살렘에서
황소의 뿔을 잘라 나팔을 불자.

이향아는 BC458년 4월부터 444년 여름에 일어난 일이니 대략 이천 오백년 전에 일어난 히브리인들의 귀환과 재헌신에 대한 역사적인 사실을 현재에 맞추어 동시성을 부여하고 있다. 그래서 의미를 더 피부에 닿게 하고 오늘이라는 삶에 적용시키고 있다. 따라서 작품 중 "정녕 잃어버린 그 곳으로 가고 있는가."라는 표현은 스스로에게 묻는 것이자 모든 사람들에게 던지는 질문이기도 하다.

그리고 다시 묻는다. "너는 지금 어디쯤 오고 있는가?"

사실 70년 동안 우상의 문화에 젖어 이방인들과의 잡혼으로 구습을 좇는 옛사람이 된 그들이 갑작스럽게 새로운 헌신을 한다는 것은 쉽지 않은 일이었을 것이다. 이향아는 그 것을 "음습한 그늘에 안주하고 있는 버섯과 같다."고 말하고 있다.

이런 측면에서 보면 출애굽기에 기록된 10가지 재앙도 애굽 신에 대한 재앙이고 그것들을 무력하게 만듦으로써 애굽

의 신들이 허망하다는 것을 증명한 것이었지만 광야 40년 동안 늘 원망과 불평을 하며 기회만 있으면 애굽을 그리워하며 한 것을 보면 타락한 히브리인들의 속성을 짐작할 수 있을 것이다. 따라서 3일 내에 오라는 시한부 명령을 내린다. 즉각적인 결단을 하지 않고는 새로워질 수 없다는 것을 말하고 있는 것이다. 전진하지 못한 신앙인의 상징으로 소금기둥이 된 롯의 처나 당시 귀환한 히브리인들이나 현대인들에게 등가의 원칙을 적용하고 있는 셈이다. 따라서 "모래밭 선인장처럼 아직도 서 있는가 아니면 누웠는가. 아직도 잠들어 있는가."라는 우회적인 질문으로 새로운 귀환과 참회의 출발을 재촉하고 있는 것이다. 히브리인들은 중요한 때는 나팔을 불었다. 특별히 황소의 뿔로 만들거나 양의 뿔로 만든 양각나팔을 불었다. 예배나 전쟁의 신호, 또는 죄를 회개할 때 불었으며 희년에도 불어 기쁜 소식을 알렸다. 그런데 이향아는 지금 황소의 뿔로 나팔을 만들어 불 것을 말하고 있다. 지금이 바로 그런 때라는 점을 암시하고 있는 셈이다.

7. 이방인의 성전 – 정재영

태어나는 일은
당일치기 나들이가 아니듯
어머니로부터 떠나는 일은
방랑의 길을 가려는 것이 아닙니다

삶이라는 집을 가지기 위해
모든 시간을 드려
당신 한 분 계신 한적한 곳에
작은 오두막 하나 짓고 살려 합니다

사람과 사람으로 지어진
나의 집에서
다시 떠나가라 한다면
처음부터 내 방은 도면조차 없었던 건가요

어른은 아이가 되라는 가훈이
액자 속 글자에 지나지 않는다면
다시 떠나 유랑을 하더라도
그곳이 오히려 떠돌이들의 안식을 위한 집

낮엔 해와 밤엔 별의 언어가 이끄는
하늘과 땅 사이를 가로막은 벽이
휘장처럼 찢어질 때
해와 달보다 더 높은 성전을 지으려 합니다

   바사왕 고레스 원년 왕의 명령에 의해 포로로 잡혀갔던 이스라엘 백성들의 귀환이 시작되었다. 새로운 신앙으로 출발하려는 시점이었는데 무엇보다도 이방 여인과의 혼인

문제를 해결하라는 명령은 히브리인들에게 큰 충격이었다. 70년 살면서 이룬 삶의 터전으로써의 가정의 고리를 하루 아침에 끊으라 함은 어려운 일임에 분명하다. 이는 거룩한 자손으로 이방 족속과 서로 섞이게 하는 것은 금한다는 명령이었고, 새로운 신앙의 출발점에서 내려진 것이라는 점을 감안하더라도 쉽게 받아들일 수 없는 일이었다.

그러나 사실, 역사적으로 보면 이스라엘은 혈연 집단이 아니라 신앙 집단인 것을 성경은 증명하고 있다. 430년 동안 애굽에 살다 출애굽한 히브리인들은 이미 애굽인들과의 결혼으로 인해 출애굽기 12장 38장에 '중다한 잡족'을 이루고 있었기 때문이었다. 그런데 두 번째 출애굽인 바벨론에서는 "이방 족속 여인을 끊어버리라."고 한 것이다. 여기서 정재영은 구약을 통해서 보여 준 혈연집단과 사도행전 10장에 기록된 이방인 고넬료 가정이 구원받은 사건에 대한 차별성에 대하여 혼란스러움을 느끼고 있다. 따라서 "태어나는 것이 / 당일치기가 아니듯"이라고 말한다. 다시 말하면 비록 이방 족속과의 잡혼이라 할지라도 가정은 하나님의 예정과 섭리에서 비롯된 것임을 말해 주고 있는 것이다. 예를 들면 이삭은 이 세상에 태어나기 전에 이미 이름이 지어졌지만 그에 앞서 이스마엘 역시 태어나기 전에 이름이 지어졌고 그 이름을 지으신 분이 하나님이라는 사실에 주목하고 있는 것이다.

따라서 정재영은 "사람과 사람으로 지어진 / 나의 집에서 / 다시 떠나가라 한다면 / 처음부터 내 방은 도면조차 없었던 건가요."라고 되묻고 있다. 그리고 이런 당혹스러운 일련의 일들은 성전 휘장이 찢어진다면 해와 달보다 더 높은 성전을 짓겠다고 고백하고 있다. 따라서 누구든지 주의 이름을 부르는 자는 구원을 얻으며 은혜로 택함을 받는 자가 하나님의 자녀가 된다는 사실을 염두에 두고 쓴 듯하다.

8. 성벽 – 권택명

쫓기듯 나서는 아침마다
짧은 기도로 마음의 성벽을 보수하고
출근길에 나선다.

광역버스에 흔들리며 왕복 두 시간 반

무너져 내리는 것과
버티려는 힘의 길항拮抗에서
너무나도 자주 무릎 꿇고 마는 하루들
내 부실한 성벽의 무너져 내린
타협과 짜증의
부끄러운 잔해들

작은 여우가 기어올라가도
무너질 수밖에 없는

고전소설 춘향전에서 춘향이가 이도령을 기다리는 것은 마치 아가서에서 술람미 여인이 갖은 고초 가운데서도 솔로몬을 기다림과 같고 이는 장차 오실 신랑을 기다리는 그리스도인의 모습까지 연결시킨다는 이야기는 감동을 준다. 그런데 김 석은 에스더서를 통하여 에스더와 심청이라는 두 사람을 등장시켜서 대비시키고 있다. 두 사람은 시간과 공간적으로는 차별성을 갖는다. 그러나 작품 속에는 공유되는 많은 동질성을 가지고 있다.

대상이 개인과 민족이란 점은 다르지만 어려서부터 어머니를 잃고 봉사인 아버지 심학규의 동냥젖으로 사는 심청이와 어려서 부모를 여의고 사촌인 모르드개의 보살핌 속에서 성장하는 에스더의 환경은 동일하다. 심청은 아버지의 눈을 뜨게 하려고 공양미 삼백 석에 팔려 인당수에 몸을 던졌고 에스더는 죽으면 죽으리라는 결심으로 왕 앞에 나간 점이 유사하다.

심청이는 기도의 대상이 천지신명 일월성신이었다면 에스더는 만군의 여호와 하나님이었고, 심청은 중의 권유로, 에스더는 사촌 모르드개의 권유로 결행한 점에서 동질성과 각각 차별성을 갖는다. 그 후 심청은 인당수에 빠진 후 용왕의 왕비가 되었고 전국 맹인들을 위하여 잔치를 베풀었으며 그 잔치에서 만난 아버지의 눈을 뜨게 하였는데, 에스더 역시 왕후로서 두 번의 잔치를 통하여 민족의 생명을 구한 점이 같다. 마지막 심청은 연꽃 가운데서 죽음을 이기고 다시 환생하였다면 에스더에서의 히브리인들은 악한 하만의 손에서 벗어나 부림절을 맞이할 수 있었다는 점에서 의미를 부여할 수 있을 것이다. 그리고 그가 평소에 늘 생각한 대로 성서 해석을 일상적인 관념으로부터 해방시켜 재조명해 보려는 시도의 산물로 보인다. 그리고 김 석이 모두에 인용한 대로 "얼핏 무관해 보이는 두 현실을 가까이 둠으로 참된 삶에 한 발 더 다가갈 수 있다."는 프랑스 시인 피에르 로베르디의 말처럼 시공을 초월한 두 개의 대상에서 연관성과 공통성을 비교함으로 시를 읽는 재미와 이미지를 재고하는 동반 효과를 가져오고 있다.

10. 환등하는 저녁 – 김신영

당신이 항상 거기 있다는 것
하루도 빠짐없이 거기에 있다는 것
서로를 환등하는 시간
우리 연대는 생각보다 강하고

새들도 꽃을 즐거워한다는 일
꽃가지 사이로 날며 얼굴을 부비고
날개를 꽃잎으로 씻으면서
꽃이 비처럼 내리는 소리
숲속에 비가 내리는 소리

냇가에 내리는 꽃잎은 우주를 떠도는 유영
무릉을 불러들이면서 배추흰나비를 홀리고
냇물의 꽃장식은 여울지던 자리야

꽃잎은 떨어져 봄 길을 만들고
뻐꾸기는 소리로 봄을 만드는데
나는 무엇으로 봄을 만드나

꽃들의 결혼, 나비가 오지 않는 저녁에도
꽃은 이토록 세상을 아름답게 만드는 욕망을 갖는데
나는 무슨 욕망으로 인생을 아름답게 만들까?

김신영이 택한 욥기 42장 10~17절까지의 부분은 욥기서의 마지막 부분으로 욥의 회복과 다시 받은 축복에 해당한다. 그의 회복은 물질의 문제, 친지와의 관계, 자녀의 회복, 그리고 아들과 손자 사대를 본 장수의 축복을 담고 있다. 그런데 이러한 마지막 욥의 회복은 우연히 세월이 지나서 이루어진 것이 아니라 하나님의 사랑과 주권적 섭리에 의해 이루어진 의미로 해석하고 있다. 따라서 인간이 살아가는데 만나는 모든 문제들이 최종적으로는 하나님의 섭리와 종말론적인 공의의 실현을 통해서만 완전히 해결될 수 있다는 보다 궁극적인 모습을 보여 주고 있다고 할 수 있다.

김신영은 이것은 사람으로서는 생각할 수 없고 만들 수

도 없는 상황을 설정하고 있다. 그리고 그 가운데 자신의 한계를 함께 말하고 있다. 그래서 그는 "꽃잎은 떨어져 봄길을 만들고 / 뻐꾸기는 소리로 봄을 만드는데 / 나는 무엇으로 봄을 만드나."라고 말하고 있다. 그리고 마지막 연 역시 "꽃들은 이토록 세상을 아름답게 만드는 욕망을 갖는데 / 나는 무슨 욕망으로 인생을 아름답게 만들까?"라는 의문을 자신과 모두에게 던지고 있다.

결과적으로 욥기가 말하는 축복과 회복은 마지막 성도들이 누릴 영원한 축복을 예표한다 할 수 있는데 김신영은 어둠에서 빛으로, 절망에서 소망으로, 환란에서 축복으로 바뀌는 시간표를 「환등하는 저녁」으로 비유하고 있다.

11. 금의환향 - 김지원

옷은 날개다
지상에서 천상으로 나는 새들에게는
옷이 날개다

금의환향!

삶이란
굵은 베옷을 벗고
세마포 옷으로 갈아입는 일

역사는 항상
옷으로 시작하여
옷으로 끝낸다

때론, 비단옷을 입고
밤길 가는 것 같지만
슬퍼 말라

세마포 옷은
구름 속에서 만나는 황홀
밤을 잊는 천사들이 씨줄과 날줄로
한 올 한 올 길쌈하던
하늘나라의 피륙

비록 대궐문에 들어가지 못하고
재에 누운 자 많을지라도
슬픈 날에는 기뻐하고
곤고한 날에는 생각하라

굵은 베옷은 세마포 옷의 어머니
지상에서 천상으로 향하는
새들의 날개인 것을

인류의 역사는 옷의 역사다

일시적이고 불완전한 무화과나무 잎으로 만든 아담의 옷에서 하나님이 만드신 가죽옷으로 그리고 마지막에는 변화된 그리스도인들이 입어야 할 세마포 옷이다. 그런데 에스더서에는 이런 상황들을 대궐문 안과 밖이라는 구별된 공간을 설정하고 굵은 베옷을 입고 회개하는 대궐문 밖의 사람들과 세마포 옷을 입은 대궐 안의 사람들로 구분하고 있다.

물론 이런 구별된 옷의 이야기는 신약성경에도 등장한다. 혼인잔치에 초청을 받은 사람들 중에서 예복을 입은 사람들과 입지 못한 사람들에 관한 이야기가 그것이다. 결국 "어둠의 옷을 벗고 빛의 갑옷을 입자."라는 말씀이나 하나님 나라는 "밝고 빛난 세마포 옷을 입은 자들"의 모임이라는 것을 감안하면 더욱 분명해진다. 결국 영원한 본향을 향해 가는 길은 금의환향의 길이라고나 할까.

12. 해안보호 – 나금숙

용서의 기술을 제대로 배우지 못한 해안은
자주 비가 내렸다
그렇다고 복수의 기술은 더더구나 배우지 못해
……(중략)……
맑은 솥 안에 쌀을 안쳐보기도 하지만

같이 먹을 식구는 없다
없는데도 장작불을 들이민다
천년 하던 짓이다
밥을 먹어 줄 누군가의 입 누군가의 목구멍
유연한 식도가 필요한 해안은 오늘도
긴 해안선에 붉게 불을 피우고 있다

수평선에 안개가 가득할 때
아장아장 걸어오는 아기들
앗
이 아이 생일이었나!
수없이 낳았던 아이들
이름도 얼굴도 안개
안개를 보면 문득 아기들이 떠오른다
내가 버린 아이들이 물결에 쓸려가다 먼 바닷가에 멈췄다지
소금이 엉겨 소금인형이 되었다지
⋯⋯(중략)⋯⋯
썩지 않는 해안은
콘크리트보다 강인한
병원선을 기다린다 유령같이 그가 올 것이다

나금숙이 말하는 하나님은 이전까지 관습이나 전통 그

리고 가르침으로 만났던 하나님이 아니라 눈으로 직접 뵈옵는 하나님이다. 즉, 욥은 고난의 끝자락에서 자신이 가지고 있는 하나님에 대한 지식이 답습되어 왔던 것임을 깨닫는다. 그래서 나금숙은 이를 "천년 하던 짓"으로 묘사하고 있다. 환란 중에 있던 욥이 하나님을 눈으로 뵙기 전까지는 하나님의 섭리는 불공평하다고 생각했지만 세 친구와 참관자인 엘리후 사이에 있던 논쟁 그리고 그 후 하나님이 친히 나타나셔서 교훈을 준 사실을 통하여 자신의 잘못된 지식을 깨닫고 하나님의 절대 주권을 인정하며 아울러 자신의 교만과 무지를 깨닫게 된다. 그리고 종래는 살아 계신 하나님을 체험한 고백으로 귀결시키고 있다.

물론 여기서 하나님을 뵌다는 것은 눈으로 직접 봤다는 의미가 아니라 새로운 생각과 신앙의 접근으로 볼 수 있다. 욥은 하나님을 부인한 적은 없었지만 그 시대의 사람들과 동일하게 인과응보적인 관점에서 세상일을 바라보고 있었고 하나님의 공의에 대해 회의심을 가지고 자신의 의로움을 내세우는 실수를 범했던(욥 23:2-7) 것은 사실이다.

마지막으로 그는 자신의 죄에 대해 철저히 회개하는 모습을 보여 준다. 그리고 구원에 대한 본질적인 문제를 신약의 그리스도까지 연결시키고 있는데 이는 이 시의 마시막 행에서 병원선으로 예표되는 치료자요 풍랑이 일던 갈릴리 바다를 걸어옴으로 제자들이 유령이라 외치던 그리스도의 모습을 연상케 한다.

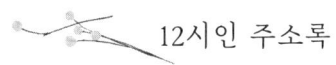
12시인 주소록

우편번호	이름	주소 / 연락처
13628	권택명 (장로)	경기도 성남시 분당구 미금로 177, 313동 101호(구미동, 까치마을신원아파트) tmkwon1@hanmail.net 010-3742-1915
10306	김 석 (장로)	경기도 고양시 일산동구 숲속마을로 68, 608동 903호(풍동, 숲속마을6단지아파트) chungwankey@hanmail.net 010-2728-5633
17362	김신영 (집사)	경기도 이천시 향교로 120(창전동), 2층 상위1%학원 원장실 ksypoem@naver.com 010-8632-0578
03736	김지원 (목사)	서울특별시 서대문구 충정로7길 30, 101동 206호(충정로2가, 충정로현대아파트) kjwpoem@hanmail.net 010-8758-2350
06912	나금숙 (집사)	서울특별시 동작구 매봉로4가길 5(상도동, 아침햇살2) 5층 503호 nnn2051@naver.com 010-6234-5272
42098	남금희 (집사)	대구광역시 수성구 동대구로 300, 102동 1801호(범어동, 범어 롯데캐슬) namkumhee@hanmail.net 010-3826-3930
10459	박남희 (집사)	경기도 고양시 덕양구 원당로69번길 8 nhpk528@hanmail.net 010-6364-8851
41197	손진은 (장로)	대구광역시 동구 아양로7길 12, 101동 302호(신암동, 신암뜨란채) sonje1214@daum.net 010-6658-6079
48104	양왕용 (장로)	부산광역시 해운대구 양운로37번길 11, 106동 1301호(좌동, 현대아파트) poyong43@naver.com 010-3563-2604
06299	이지엽 (장로)	서울특별시 동작구 사당로17길 52, 7동1001호 poetry202@hanmail.net 010-3959-3302
06299	이향아 (권사)	서울특별시 강남구 언주로 117, 7동 702호(도곡동, 우성4차아파트) poetry202@hanmail.net 010-3959-3302
03195	정재영 (장로)	서울특별시 종로구 종로32길 2, 정치과의원(종로4가) chungsosuk@hanmail.net 010-5290-8380
원로시인		
47508	하현식 (장로)	부산광역시 연제구 법원북로 16, 207동 1704호(거제동, 거제2차 현대홈타운) shinsun0512@hanmail.net 010-7651-3457
03365	주원규 (집사)	서울특별시 은평구 불광로2길 16, 108동 402호(불광동, 북한산현대홈타운아파트) jwonkyu10@hanmail.net 010-2723-3410

12시인의 여섯째 노래

– 이때를 위함이 아니겠느냐(에스라 · 느헤미야 · 에스더 · 욥기)

초판 발행일 | 2022년 4월 29일

지은이 | 원로시인 주원규
　　　　　남금희 박남희 손진은 양왕용 이지엽 이향아
　　　　　정재영 권택명 김　석 김신영 김지원 나금숙
펴낸이 | 임만호
펴낸곳 | 창조문예사

등　록 | 제16-2770호(2002. 7. 23)
주　소 | 서울 강남구 선릉로112길 36(삼성동, 창조빌딩 3F)(우: 06097)
전　화 | 02) 544-3468~9
FAX | 02) 511-3920
E-mail | holybooks@naver.com

책임편집 | 김종욱
디자인 | 이선애
제　작 | 임성암

Printed in Korea
ISBN 979-11-91797-12-1 04810
　　　979-11-86545-36-2 (세트)

정가 12,000원

※잘못된 책은 바꾸어 드립니다.